爆款文案

内容写作技巧与营销策划实操

招商哥　王菲彤◎著

電子工業出版社
Publishing House of Electronics Industry
北京·BEIJING

编辑说明

◎为了客观呈现新媒体的“真实面貌”，对于一些当前十分流行但不符合出版规范的网络用语，本书采用语义相近的词语进行替代。

◎为了真实呈现互联网语境下的语言表达习惯，书中的部分内容，特别是在新媒体中常用的各种形象化词汇，尽可能“原汁原味”地保留约定俗成的表达方式，文中不再赘述。

前言

在这个日新月异的时代，谁能将产品宣传得更具特色、更具吸引力、更能深入人心，谁就能在这个时代“踏浪而行”。因此，文案宣传就成为企业产品宣传过程中的关键环节，尤其是在互联网如此发达的今天，文案宣传有着极强的生命力，能大大增强企业在市场中的竞争力。

但是目前，许多平台和渠道上宣传的文案类图书不仅内容缺乏新意，而且缺乏系统和成熟的理论体系，内容大多繁杂而无序。同时，文案创作也是一门极需技巧的工作。掌握文案创作的理论知识与实际撰写能力成为企业文案创作者面临的一大难题。

本书以基本的、完备的理论知识引导读者快速入门，同时结合大量的实际案例，深入剖析文案创作过程中需要注意的细节。本书采用了大量的图表，图文并茂，语言诙谐幽默，强调实务操作。

本书详细介绍了众多广告大师创作的经典文案与众多知名企业推出的传奇广告文案，生动形象地为大家再现这些经典文案的诞生过程，为读者在文案创作过程中提供借鉴。

通过本书，读者不仅可以学习到实用性知识，而且能够掌握文案创作过程中的思维模式。希望每一位拿到本书的读者都能拥有一个愉快的学习之旅。当然，因作者水平与成书时间有限，书中难免有疏漏与不当之处，敬请读者指正。

目录

第 1 章
互联网创意文案的五大关键点

对于文案创作者来说，如果想要打造一个出色的创意文案，就必须掌握文案写作的关键点，从关键点出发，把握全局，分析用户的诉求，明确文案的主旨，确定文案的受众。

本章对创意文案的五大关键点：说“人话”、容易懂、有画面、能共鸣、有情绪进行了介绍，引导读者掌握其中的规律。在实例部分，主要以莎碧娜航空公司、芝华士、多芬等公司的文案引导读者明确创意文案的主旨。

1.1 说“人话”：“高大上”的描述，不如简单朴实的文字

我们不管是在家中上网还是外出逛街，都会惊奇地发现这样一个事实：广告无处不在。视频广告、旗帜广告和图片广告等似乎都已成为我们生活的一部分。越来越多的广告开始采用“高大上”的文字，意图吸引用户的目光。譬如下面这些文字。

耳机宣传文案：声声震撼，激发梦想。

旅行社宣传文案：生活如此辛苦，最好的调节方式是踏着优美的景色来一场说走就走的旅行。

笔记本宣传文案：创想极致，静心由我。

然而，这些文案虽然读起来很优美，但是大多数人读完以后还是不得要领，心里只有“嗯，写得好，然后呢”的感觉。这些用华丽的辞藻堆砌的文案外表看起来很美，实则并没有将产品信

息准确地传达给消费者。

因此，在文案创作时不能只追求辞藻和修辞，还要注意文案能否让消费者明白其中包含的信息。比起华而不实的文案内容，用简单朴实的文字创作的文案传达的信息更准确，也更容易让消费者动心。譬如广告大师大卫·艾博特为芝华士写的父亲节文案，将酒和父亲节相结合，用朴实的文字写出了广为流传的经典文案。

因为在我需要你时，你总会在我的身边，

因为你允许我犯错误，并且从没有一次说“让我告诉你怎么做”，

因为你依然假装只在阅读时才需要眼镜，

因为我没有像我应该做的那样经常说谢谢你，

因为今天是父亲节，

因为假如你不值得我送 CHIVAS　REGAL 这样的礼物，

还有谁值得。

这则文案全篇没有采用任何华丽的辞藻夸赞芝华士的味道，也没有用任何优美的语句赞扬芝华士的品质。只是用朴实的文字将自己和父亲的故事娓娓道来，以一些平常我们遇到过的小事为主体，去掉“高大上”，回归“朴实真”。如此一来，反而让芝华士的价值显得无可替代，因为它代表着生活中不可缺少且零零碎碎的父爱。

文案创作者要说“人话”，要将话说得清楚，说得明白。例

如，日常生活中，女生们在闲暇时间会谈论“你今天用了什么口红或者什么香水”等话题，但是她们之间的交流不会以“这是一支口红”或者“女生就应该买好多口红”这样的话语进行。相反，她们会说，“昨天我没有控制住自己的手，买了一支颜色非常好看的口红”或者“不喜欢化妆的我买了人生中的第一支口红”等。

在与人聊天的时候，人们会在语言中融入一些技巧性的东西来引起别人的注意，在这个过程中会夹杂一些主观印象，他们不会以旁观者的态度去说自己买的东西怎么样。因为这样会显得自己说的话不太可信。

而在撰写文案的过程中，文案的主要作用是将信息明确地传达给用户，提供有价值的内容。这就要求文案创作者有一种较为鲜明的态度——支持或反对，提供有价值的信息，从而增加文案的可信度。

譬如，奥美公司为左岸咖啡店写的文案——《下雨喝一下午咖啡》，全文以第一人称视角加强了代入感。虽然情节有些取巧，但语言朴实，能够塑造出一种脱离虚幻的现实感。具体内容如下：

司机从后视镜中看着我说，

“躲雨？”

我笑着没回答。

雨越下越大，

司机将车停在咖啡馆前要我下车。

笑着说，
“去喝杯咖啡吧！”
他挥手示意我不必掏钱了！
来不及说谢谢，
计程车已回到车队中。
走进冷清的咖啡馆，
四名侍者围坐一桌闲聊着，
看到我后立刻起身，
异口同声地说，
“躲雨？”
我笑着不知该如何回答。
午后一场意外的雨，
让我一下午见识了，
五个会“读心术”的人，
喝了一下午的咖啡。

在这篇文案中，文案创作者首先用文字叙述了一个适宜饮用咖啡的好天气——下雨天，然后通过与司机、店员之间的简短对话，以躲雨的名义，进入了咖啡店，喝上一杯意外的咖啡。

如此一来，雨天与喝咖啡这两件不相干的事情就在消费者的脑海中串联在了一起，假如未来遇上下雨天，看过这则文案的人脑海中就会出现这样的念头：下雨了，去左岸咖啡躲躲雨吧，顺便喝一杯咖啡。德芙巧克力邓紫棋版的广告语也使用了这一套路：听说下雨天，巧克力和音乐更配哦！

以上两个广告都没有复杂拗口的用词，反而选用简单朴实的文字，并且都取得了不错的成绩。它们的成功很大程度上源自不兜圈子，简单直白地告诉消费者产品的信息，以人人都能理解的语言讨得消费者的欢心。

1.2 容易懂：说产品特色，不如直接说产品能带来的好处

莎碧娜航空公司有一则经典广告："在美丽的比利时境内，有五个阿姆斯特丹。"正是这则广告，挽救了曾经陷入低谷的莎碧娜航空公司。

美国纽约直达比利时首都布鲁塞尔的航线，是莎碧娜航空公司的主营业务之一。在这条航线尚未开通时，莎碧娜航空公司已经进行过大量的宣传。内容涵盖极广，包括安全性能、优质的服务、特色美食等，然而实际的乘坐率并不理想。

莎碧娜航空公司请来了世界著名的广告大师——里斯和屈特前来解决这个难题。里斯和屈特接到委托后，并没有急于设计广告语，而是展开了一次广泛的民意调研。调研结果显示，航空公司的安全性能十分优良，服务质量也十分到位，饮食的水平也属于中上水准，但是参与调研的群众都表示他们并不熟知比利时的环境气候。

于是问题的根源被找到了，虽然比利时早早被开发成旅游地，

但人们的熟知度偏低。因此，尽管该航空公司的各项指标均属上等，也难以吸引乘客。

为了解决这个问题，里斯和屈特首先为这条航线进行用户定位。最终确定的目标用户为有旅游意愿却不了解比利时的游客。其次，里斯和屈特决定将广告语改为宣传去比利时旅游的好处，而不是宣传莎碧娜航空公司的优点，因为这样做对莎碧娜航空公司是有利的，游客对比利时的优点了解越多就越想去，而越想去也就越需要乘坐飞机。不过到底该如何描述比利时旅游的好处呢？

里斯和屈特采用了对比了解的方法，他们在《米其林旅游指南》上看到这样一句话："比利时有五个三星级城市，而北欧最大的观光胜地荷兰也只有一个阿姆斯特丹。"于是他们萌生了借用"阿姆斯特丹"这样一个旅游胜地扩大比利时的知名度的想法。

最终，"在美丽的比利时境内，有五个阿姆斯特丹"这句宣传语诞生了。莎碧娜航空公司自此扭转了一直以来乘坐率低下的问题，销售业绩大幅上涨。

从上面这个案例中，我们可以看出，产品的特色虽然是需要提及的，但并不能让消费者心动，因为很多时候，消费者对产品的特色并没有直观的感受，他们更希望文案的内容能够贴近生活，易于理解。因此，里斯和屈特才会选用这样一个便于理解的广告来提高人们的认识。

这里我们举两个例子。第一个例子：某手机品牌为新手机写的文案，内容全是在介绍手机的硬件配置、处理器功能及运行速度等专业性知识。第二个例子：同样是新手机推广的文案，主打手机的拍摄功能，告诉消费者手机的摄像头配置非常高，拍出来的照片和专业相机拍出来的一模一样，但价格却是专业相机的一半。两个文案一对比，推广效果显而易见。

第一个文案就像是产品说明书一般，非常齐全地介绍了手机的各项功能和特色，可惜很多人看不下去或者连看的欲望都没有，因为太过专业的描述导致购买手机的普通用户看不懂文案，所以手机再好也没有购买欲望，毕竟不是所有人都是手机“发烧友”。

第二个文案就很好地抓住了手机的卖点，而没有像第一个文案一样只是用专业的语言将手机所有的特点都列出来。在文案中突出地表现了这款手机的好处——专业的拍照技术，用消费者所能理解的语言传达了产品的特点。

随着社会经济的发展，越来越多的人都喜欢出去旅行，而拍照则是旅行中的必备环节，因为手机轻便、易携带的特点，大部分人的照片都是用手机拍摄的，所以有着出色的拍照功能的手机成为很多人的首选。而此文案抓住了大众的心理，准确地将这款手机的优势传达给了消费者，所以比起第一种文案形式，第二种更能引起消费者的购买欲望。

与其将产品特色夸得天花乱坠，不如告诉消费者产品能带来什么好处。因为生活中大部分的消费行为都是基于买了这件东西能带来什么变化或者这件产品有什么优势值得消费者购买，所以在文案创作时要用通俗易懂的文字告诉消费者这个产品的优势在什么地方，譬如著名广告人伯恩巴克为甲壳虫写的广告文案 *Think Small*。

我们的小车并不标新立异。许多从学院出来的家伙并不屑于屈身于它，加油站的小伙子也不会问它的油箱在哪里，没有人注意它，甚至没人看它一眼。

然而，驾驶过它的人并不这样认为。因为它耗油低，不需防冻剂，能够用一套轮胎跑完 40 000 英里（1 英里=1.609 千米）的路。这就是你一旦用上我们的产品就对它爱不释手的原因。

当你挤进一个狭小的停车场时，当你更换你那笔少量的保险金时，当你支付那一小笔修理账单时，或者当你用你的旧大众换得一辆新大众时，请想想小的好处。

20 世纪 60 年代的美国大众热衷的汽车类型都是大型车，大众甲壳虫这类的小型车可以说是不受消费者的喜欢，但是 DDB 广告公司的创始人伯恩巴克写的 *Think Small* 挽救了甲壳虫的市场，并且改变了人们对于廉价的小型汽车的看法，“更少的油耗、更方便停车、更便宜的保养与维修”使得甲壳虫开始在美国的汽车行业盛行，引领了新的时尚和潮流。

时代的快速发展和快节奏的生活方式带来的转变就是：消费者不会为一件无意义、无价值的事驻足，文案也是一样。如果一篇文案写得过于晦涩难懂，需要借助外力才能看明白在讲什么的话，那么产品在消费者心中的第一印象就会大打折扣，更不用指望这样的文案能带来转化率。

所以文案的创作要通俗易懂，能让消费者看明白在说什么，通读一遍之后就能掌握产品是什么，好处体现在哪里，能够为消费者带来的实际价值是什么，文案只要写清楚这些，就能轻易地抓住消费者的心理诉求，从而为企业带来收益。

1.3 有画面：对事物做美好预期，不如提供场景化体验

奥美广告公司的创始人大卫·格威曾说过，99%的广告文案都没有对产品的销售起到很好的促进作用。时过境迁，虽然如今已经进入21世纪，但这句话在当今的文案广告市场仍然适用。

一个差的文案很多时候都是在对产品进行一种虚幻的描述。例如，在描述护肤品时，“时刻焕发”“朝气活力”这两个词语虽然都给人一种美好的期望，但仔细一看，实际的效用却模糊不清，用户从“时刻焕发”与“朝气活力”中无法判断该产品到底是能够让皮肤变得紧致，还是变得有弹力。既然无法得出具体的效果，用户在购买时就会心生疑惑，购买理由也就难以明确，购买的决心也就大大降低。

而一个好的文案能调动消费者的情绪，能为消费者打造一个体验场景，激起消费者的购买欲望。为了能够使文案富有感染力，可以通过场景化的方式将文案变得具有画面感，从而加深消费者对产品的记忆。

譬如，支付宝十周年广告《账单日记》的文案：

美好的改变，算不清。

2004 年，毕业了，新开始，

支付宝最大的支出是职业装，

现在看起来真的很装。

2006 年，3 次相亲失败，

3 次支付宝退款成功，

慢慢明白，

恋爱跟酒量一样都需要练习。

2009 年，12%的支出是电影票，

都是两张连号，

全年水电费有人代付。

2012 年，看到 26 笔手机支付账单，

就知道忘带了 26 次钱包，

点了 26 次深夜加班餐。

2013 年，数学 23 分的我，

终于学会理财了，

谢谢啊，余额宝。

2014 年 4 月 29 日，

收到一笔情感转账，

是他上交的第一个月生活费。

每一份账单，都是你的日记，

十年，3 亿人的账单算得清，

美好的改变，算不清，

支付宝，十年知托付。

广告文案以一个毕业生的口吻进行了叙述，自身的十年成长也伴随着支付宝十年的变化，从 2004 年到 2014 年的记忆里，每一句叙述都极具画面感，伴随支付宝十周年成长历程的大部分人都有着类似的经历。于是，用户就陷入了支付宝带来的追忆场景中。

那作为一个文案创作者，该如何对产品进行场景化叙述呢？答案如图 1-1 所示。

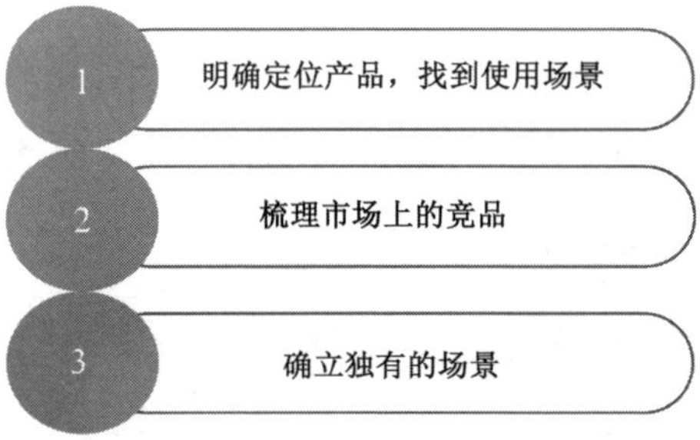

图 1-1　对产品进行场景化叙述的三个方面

1. 明确产品定位，找到使用场景

对自己的产品了如指掌，找到目标群体，知道这些人的需求是什么，再根据产品的性能、形象、衍生功能等因素找到多个消费场景。

譬如，充电宝的定位是长久续航，那文案创作者就可以设计一个停电 3 天，大家都因充电宝没电而抓耳挠腮时，使用自家产品的用户却悠然自得地刷着微博，看着视频，形成一个反差化的场景，增加消费者的记忆深度。

2. 梳理市场上的竞品

梳理市场上竞品的目的是弄清楚对方文案中设计的场景，特别是强势的竞争对手。因此，在选择场景的时候就可以避开与他们类似的场景，毕竟生活中的场景十分丰富，完全可以避开其优势，在其劣势的地方一争高下，如 Jeep 汽车的文案：大众都走的路，再认真也成不了风格，每个人心中都有一个 Jeep。

Jeep 汽车的竞争对手大众的文案通常都是呈现符合广大群众驾驶需求的场景，而 Jeep 则反其道而行之，以一种特立独行的风格画面，在用户心中树立起一个独具特色的品牌形象。

3. 确立独有的场景

在使用场景时要切忌贪婪。例如，关于饮料的文案，如果为这瓶饮料设计了多个场景，能解渴、能提神、能增强注意力等，将自家饮料描写得无所不能，那么，在消费者眼里，这个产品很有可能是在吹牛皮。所以，要设立一个产品特有的场景，结合产品进行细致的描绘，让文案有画面感。

在这个人人都在提倡场景化体验的时代，每个人都在拼尽全力地创造场景，文案作为产品场景化的辅助工具，要达到用文字在消费者脑中构建场景的目的，以保证产品被消费者接受。

1.4 能共鸣：自我陶醉，不如落地后的情感共鸣

文案与消费者的共鸣实际上是指文案的内容营造出一种特定的情景，而这种情景是消费者曾经历过的，这就使得消费者与文案的内容产生了情感上的共鸣。

例如，此前的《下雨喝一下午咖啡》，支付宝十周年文案就是通过营造一种特定情景，引起消费者的情感上的共鸣，通过这种方式留在消费者的记忆中。

此外，你也可以在文案中说赞美的话。每个人都喜欢听别人的赞美。例如，我称赞对方长得漂亮，意思就是认可了对方，而如果对方回答一句“你很优秀”，则是对方对我的认可，这样的相互称赞表达出来的情感是相同的，都是喜爱之情。

再比如，自然堂的经典广告文案“你本来就很美”，一经推出就打动了万千少女的心。每一个少女的内心都是渴望美丽的，但很多时候由于缺乏自信心，羞于在别人面前展现自己的美丽。而自然堂的广告“你本来就很美”给予了她们极大的自信心，引发了她们心灵上的共鸣。当然，这也让自然堂的品牌好感度直线

飙升，抓住了年轻女性市场。

文案创作者创作文案时，除了可以利用消费者喜欢赞美的心理，还可以用唤起回忆的方式来吸引消费者的目光。例如，当人们去看一场《火影忍者》的电影时，除了电影本身，他们更多是在借这样的场景回忆当初看火影时的点点滴滴，所谓睹物思情。如果在文案中加入“回忆杀”元素的话，那么消费者会很容易被带入某段回忆中，进而产生强烈的共鸣情绪，然后通过购买产品来继续强化这种情绪。

例如，晨光文具开学季的文案：

提醒我开学的

不是日期

而是同桌问我

“作业写完没”

的短信。

短短几个字就勾起了大部分人学生时代的回忆，晨光文具自然不用多说，基本是人手必备。假期疯玩之后留下的就是未动笔的作业，和朋友、同学见面的第一句话也基本上是“作业写完了吗？”或者“你的作业还剩多少？”这些话时时刻刻都在提醒着学生，马上就开学了！而文案的潜台词也在告诉消费者：新的学期就要开始了，该买新文具了。

设想一下，如果是正在学校读书的学生看到这样的文案，都会觉得自己深有体会，继而会产生“要不去买几支笔好了”这样的想法，并付诸行动。对于已经离开校园的人而言，这些文字唤起了学生时代的记忆，想起那段时光里用的文具用品从文具盒到橡皮擦几乎都是晨光的，这时，他们会因为心底的记忆被唤醒而选择去店里逛逛，如果逛到喜欢的文具，就会毫不犹豫地买下来，即便这些产品他们很少用到。

文案的共鸣性来自创作者对人类情感方面的捕捉，虽然人人都在说理智消费，但是在消费者购买决策里，感情因素是非常重要的原因之一。所以，文案与消费者的共鸣程度，很多时候决定了消费者的购买行为。

1.5 有情绪：简单陈述事实，不如调动情绪

在文案创作过程中，以情绪作为打动消费者的切入点是相当精明的举动。文案的内容可以包含满满的正能量，以此来调动消费者正面的、积极向上的情绪。

例如，在文案的内容中将消费者内心恐惧的事情表达出来，然后告诉消费者想要克服或者消灭这些恐惧需要某些外来的助力，如自家的产品、服务等。当文案传递这样的信息给消费者时，很大程度上能够调动消费者不甘于现实、想要改变的情绪，产品销售出去的概率自然也就大大增加了。

经典文案《我害怕阅读的人》是奥美广告公司写给天下文化出版社的文案。因为原文过长，所以节选了一部分。

> 我如此害怕阅读的人，因为他们从书中获取大量智慧，足够让他们富足一身。我害怕阅读的人，我怕有一天他们突然揭穿我的无知。我害怕阅读的人，我怕他们比我更聪明、更智慧、更有成就。我害怕阅读的人，我怕他们仅仅因为比

我多读几页书，便能避免我要经历的失败。我害怕阅读的人，他们懂得生命太短，人总是聪明得太迟。我害怕阅读的人，他们的一小时，就是我的一生。

我害怕阅读的人，尤其是还在阅读的人。

在文案的末尾用“尤其是还在阅读的人”直奔主题，告诉消费者只要开始阅读了，所有的害怕都会消失。在这篇文案中，创作者罗列出害怕阅读者的心理反应，引起用户的反思，让他们产生了一种危机意识，最终形成一种观念：想要避免这些失败的场景发生，就要尝试阅读。

而阅读的条件是什么？一本书！一本能够带给用户知识的书籍。如此一来，就形成了一个连贯的场景：从惧怕的情绪到尝试阅读，再到购买书籍，这个巧妙的连接，既扩大了天下文化出版社的品牌影响力，又不会引起用户的反感，甚至还让用户生出些许感激之情，感激天下文化出版社让他们明白了阅读的重要性。

但是，对于一般的文案创作者而言，什么样的文案能够调动消费者的情绪呢？答案如图 1-2 所示。

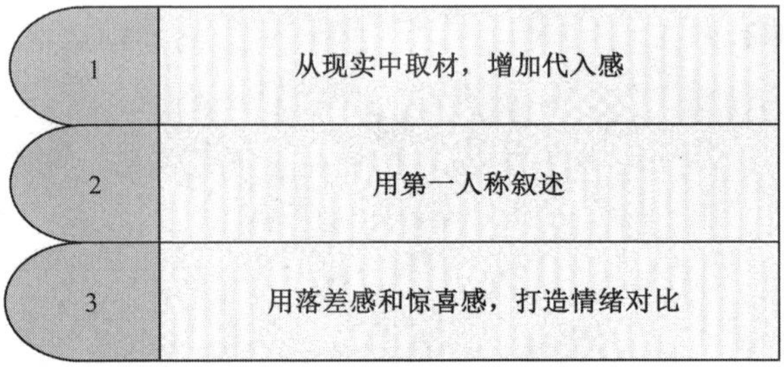

图 1-2　调动消费者情绪的三个小技巧

1. 从现实中取材，增加代入感

有情绪的文案有着强烈的代入感，文案创作者要善于在现实中找寻文案的题材，比如，童年时大家都看过一部或者多部相同的动漫，初高中时对于父母眼中的“别人家的孩子”都充满了讨厌的情绪，长大后异地恋的不安和痛苦，又或者是在外漂泊时对家的思念，等等。这些现实的场景就可以运用到文案当中，创作者能感受到的悲欢离合，消费者也能。

例如，全球知名的女性品牌——多芬曾经推出过这样一则文案：“You are more beautiful than you think.”

多芬的目标用户是 18～30 岁的女性，这个年龄段的女性情感波动较为剧烈，她们要完成大量的身份转变（好学生→好女孩→好妻子→好妈妈），因此，情感诉求较为丰富。对于她们而言，情感上的共鸣更能刺激她们购买产品。

为此，多芬找到美国罪犯肖像艺术家吉尔·萨莫拉，而后又找来 7 位女性，在彼此都看得到对方的情况下，让 7 位女性描述自己的外形，再由吉尔·萨莫拉根据描述画出画像 W。然后，多芬又找来 7 位与她们素不相识的人，让他们描述这 7 位女性，并由吉尔·萨莫拉画出画像 M。

画像 W 的描述都很悲观：“我的脸很大”“我的眼睛太小了”“我的鼻梁很塌”，等等。

画像 M 的描述则乐观得多：“她有一个性感的嘴唇”“她的脸蛋很可爱”“她的眼睛很明亮”，等等。

从以上的例子可以看出，女人总是低估自己的美丽。之所以这样，是由于这个世界上比你美丽的人一直存在，两相对比之下，女人们就会觉得自己的单眼皮似乎并不美丽，小腹上的赘肉过于可憎等。

而实际上，无论你多美，总会有比你更漂亮的女人出现。所以，要相信自己的美丽。而多芬便是在女人们丧失自信的时候，扶她们一把，给予她们一个坚定的鼓励，让女人们明白，自己远远比自己想象的要美丽。

2. 用第一人称叙述

人的情绪始终是随着与自己相关和自己喜欢的这两种类型的事物在变化，而第一人称带有强烈的主观感受。第一人称的“我”带有什么样的情绪？“我”喜欢什么？“我”的需求是什么？当消费者从“我”的角度开始阅读时就会思考产品是否能解决“我”

的问题，如果发现可以解决，那么结果就必然是“买买买”。

3. 用落差感和惊喜感，打造情绪对比

理想与现实的落差能够激起人的斗志，适当的惊喜可以增加人的热情，二者的对比可以让人的情绪跌宕起伏，记忆深刻。例如这一则经典的芝华士广告。

> 这是一则芝华士的广告。假如你还需要看瓶子，那你显然不在恰当的社交圈里活动。假如你还需要品尝它的味道，那你就没有经验去鉴赏它。假如你还需要知道它的价格，翻过这一页吧，年轻人！

在这个简短的文案中，除了明显地表现出主人公是“年轻人”，还暗示了他是有独特的眼光、能够鉴赏芝华士的老顾客。通过二者的对比，制造出落差感，之后又以出人意料的结尾方式带给人惊喜感，二者的结合给人留下了深刻的印象。

如今的广告形式越来越多样化，铺天盖地的广告占据了消费者的视野，而只有能够调动消费者情绪的文案才会是走到最后的赢家。

第 2 章

痛点思维：深挖用户信息，直击用户最痛的点

消费者的每个痛点都来源于他的内在需求，而这些需求都隐藏于一大堆无关的行为习惯之下。

本章主要讲述如何对用户的痛点进行发掘，从用户的原始需求、有价值的功能诉求点、大数据分析、精简的痛点、直白表述五个方面深度挖掘用户信息，引导读者认识其内在规律，熟悉其特征。从这一章开始，我们正式对如何成为文案大师的十种思维进行讲解。

2.1 痛点存在于用户的原始需求之中

有市场需求的地方就有消费者的痛点。所以，不管是创业、新产品推广还是写文案都要了解用户的原始需求，找到真正的痛点。

有研究表明，大多数人的开销主要集中在两点：对抗痛苦与追求满足。因此，对于用户的痛点分析也就集中在怎么解决痛苦和怎么提升满足这两方面。

首先，用户产生痛点是因为有问题要解决，而这个问题出现的原因是用户有了原始的需求，所以说用户的痛点是存在于原始需求之中的。例如，美团外卖、饿了么等外卖平台的出现最主要归因于大众的惰性。因为用户懒得动，所以有人送饭这件事成为迫切的需求，在这样的需求下需要解决的问题就是谁来送饭。在自己不想做又不想出门去吃的痛点下，外卖平台的出现就完美地解决了这一问题。

文案的写作也是如此，抓用户痛点的文案才能引起用户的注意，然后在用户心里留下印象的同时，提高产品的知名度和文案的转化率，例如陌陌的文案——《总有新奇在身边》。该文案的每一句话都痛击了具有交流障碍的用户。

别和陌生人说话。

别做新鲜事。

继续过平常的生活。

胆小一点。

别好奇。

就玩你会的。

离冒险远远的。

有些事想想就好。

没必要改变。

待在熟悉的地方。

最好待在家里。

听一样的音乐。

见一样的人。

重复同样的话题。

心思别太活。

梦想要实际。

不要什么都尝试。

就这样活着吧。

广告正式在各大门户网站和社交平台发布后，开启了疯狂的刷屏模式——朋友圈在转，公众号在发，微博热搜被占据，知乎上也出现了大量的话题讨论，声势浩大。而且许多曾经有过类似经历，或者正处于这样情景的用户都表示每句话都直戳自己内心：不敢见人，不想冒险，不敢尝试。陌陌的文案成功掀起了一场关于“新奇”的讨论大会。

在这则文案中，陌陌一方面通过反向话语给用户“制造”了无数的痛点，另一方面又给用户留下了陌陌能够帮助他们解决问题的印象，可谓一举多得。

写文案的目的是更好地辅助产品的销售，但很多文案不是没有找到消费者的痛点，就是找到了痛点，但没有将痛点充分地体现在文案中，无法引起消费者注意，最终惨遭失败。

那么，哪些因素构成了用户的痛点呢？或者说哪些因素构成了用户的原始需求？下面我们将从用户的角度为大家分析。

1. 动机因素

何为动机？就是指当某个人在做某件事情时，促使其完成这件事情的目的就称为动机。例如，女性为了让自己看起来更漂亮、更苗条，她们会热衷于购买护肤品、减肥茶。在这个过程中，“为了让自己看起来更漂亮、更苗条”就是女性产生购买行为的动机。当然，如果女性缺乏这个动机，那么护肤品厂商、瑜伽培训机构就要面临倒闭的风险。由此说明，动机是构成用户原始需求的一个非常重要的因素。

2. 激励因素

虽然有些人产生了行为动机，但如果不加以激励仍然不能形成一种直接的需求，也就不能形成最终的购买结果。这种情况在现实生活中并不少见。虽然许多肥胖的人士都想要减肥，尤其是一些比较看重身材的胖女孩，她们有减肥的动机，那就是变得更美、更令人关注。但仍然有许多女孩并没有减肥成功，这是因为她们不确定自己能否减肥成功，她们缺乏必要的激励。

因此，许多针对这个原始需求的文案常会出现这样的内容：附带一个减肥前后的对比图。这些话语与对比图其实就是在给予用户减肥的信心，告诉用户通过某些方法和某些产品能够且很有可能减肥成功，从而提供用户需要的激励因素。

3. 行为障碍因素

有了动机，也有了激励，但广告依然无法打动用户的情况不在少数。其背后的原因就是这些用户依然存在某些行为障碍。

譬如，上班族小李想要购买某个网站上出售的一款产品，他对这个产品的功效与优惠非常满意（满足了用户的动机与激励因素），但该网站不支持支付宝与微信支付，只支持信用卡账号支付。对于习惯了使用支付宝与微信的小李来说，他并不熟悉信用卡账号支付。同时，不支持这两个支付功能的网站的安全性也令人生疑。所以，小李放弃了此次购买。

该网站不支持支付宝与微信支付，给小李的支付行为带来了障碍，使得小李放弃了此次购买。所以，行为障碍因素也是影响用户原始需求的一大因素。如何消除用户的行为障碍也是文案创作者应该考虑的问题。

所谓知己知彼，方能百战不殆。通过分析，我们得出构成用户原始需求的三大因素后，就能有的放矢。针对这些因素来策划文案，从而击中用户的痛点，实现最终的营销目的。

针对这三种因素，激活用户的动机，刺激用户的需求。

1. 针对用户缺乏动机的解决方式

针对用户缺乏动机的问题，文案创作者主要可以从以下两个方面进行考虑。

明确告诉用户购买该产品的益处。例如，冷酸灵牙膏的文案广告告诉用户："不用担心牙龈问题，冷、热、酸、甜，想吃就吃。"

告诉用户不购买该产品的弊端。假如介绍产品的益处无法让用户产生购买的动机，那么就以不购买该产品的弊端，让用户产生一种危机意识，从而使用户重新产生购买动机。例如，一款除螨产品的文案内容。

你以为每天洗脸就能让你的皮肤变干净吗?

你以为每个星期更换被套就能让你的被子变干净吗?

实话告诉你，你的皮肤与你的被子都不干净。

因为，那上面潜伏着成千上万的螨虫。

它们在你的皮肤、你的被子上不断繁殖，不断死去。

假如，你不幸没有选择我们的产品。

那你的皮肤，你的被子，甚至连带着你周围的事物，都将成为螨虫的乐园。

在这个文案中，害怕螨虫的存在就成为了用户购买产品的动机。受到这种动机刺激的用户，会产生强烈的购买该产品的欲望。

2. 针对用户缺乏激励的解决方式

如果明确了用户没有达成原始需求的原因是缺乏激励，那么在创作文案时，需要重点考虑如何给予用户适当的激励。一般来说，在文案中较为常见的两种激励方式为直接激励与间接激励。下面我们重点介绍如何灵活运用这两种激励方式。以钉钉的一则文案为例。

把房子卖了，把工资发了。

创业很苦，坚持很酷。

酷公司，用钉钉。

该文案采用的是间接激励与直接激励相结合的方式。主体内容用一句“把房子卖了，把工资发了”，道出创业者的故事和心声，让这些准备创业、正在创业的人感到这个世界是有人懂自己的。这属于间接激励的方式。

“创业很苦，坚持很酷”属于进一步强化信心的激励，同属于间接激励。而最后的一句“酷公司，用钉钉”则属于直接激励，将此前间接激励营造的认同感强化到钉钉这个产品之上，最终让消费者形成了一种“用钉钉，就能坚持创业”的信心感。

如今，大多数文案广告都采用双激励方式，也就是文案中既有直接激励，也有间接激励。所以，对于文案创作者来说，针对用户缺乏激励的问题，尽量采用两种激励方式混合的解决方式。

3. 针对行为障碍的解决方式

很多时候，由于行为障碍导致的用户痛点并不突出，它往往需要文案创作者对用户日常行为与周围的环境逐一分析后，才能找出。

例如，在一处商业街，有一家新的餐厅开业了。刚开始的时候，这家餐厅的广告宣传重点放在三个方面：环境良好、价格实惠、味道出众。按理说，这样的宣传是符合消费者的需求的，因此生意肯定十分火爆，但实际情况却是餐厅勉强盈利。

为了找到问题的源头，餐厅对用户进行了调查。调查结果显示，用户对餐厅的环境、价格、味道都很满意，这让餐厅老板有点摸不着头脑了。既然结果显示并不是餐厅的问题，那么有可能只是开业的时间太短，还没有积累老客户。于是，老板继续按照之前的广告进行宣传，但业绩依旧平平。

直到有一天，老板在和附近餐厅的客人聊天时得知，这条街上的住户通常都是晚上十点多下班，然后聚在一起吃夜宵，而他的餐厅却在十点多就打烊了。同时，这些人中午都习惯外卖点餐，而他的店里却恰好没有。

了解到这些情况后，餐厅老板马上制定了新的广告方案，着重宣传了外卖送餐与营业时间，告知用户足不出户也能享用美食，凌晨一点也能尽享美味。最后的结果可想而知，餐厅的业绩大幅度增加。

这一切的成功都归于餐厅老板的聊天发现，老板了解到了用户的行为习惯，找到了行为障碍，于是在宣传文案中戳中了用户的痛点。因此，对于行为障碍的解决方式，重点在于发现用户的行为障碍，而这就需要文案创作者加倍细心地分析用户的习惯与生活环境。

2.2 痛点隐藏于有价值的功能诉求之中

对于用户而言，花钱买某样东西更多是因为其功能。例如，消费者买车是因为它的代步功能；买洗衣机是因为其洗衣功能；下载音乐软件是因为它可以听歌的功能。每个有价值的功能背后就是一个痛点，也是一个商机。所以在文案创作时，可以抓住有价值的功能进行阐述，表达出用户心中的痛点。

譬如，葡萄酒的广告常常宣传自家产品为精品酿制，百年传承，以此获取用户的信任。因为对于葡萄酒，人们需求的是其背后的制造工艺价值，而怎么体现其制造工艺精良呢？自然就是制造时间越长越好。在这一点上，长城葡萄酒的文案《三毫米的旅程，一颗好葡萄要走十年》便显得出类拔萃。如图 2-1 和图 2-2 所示。

三毫米的旅程
——一颗好葡萄要走十年

三毫米，
屏壁外面到里面的距离，
一颗葡萄到一瓶好酒之间的距离。

不是每颗葡萄，
都有资格踏上这三毫米的旅程。
它必是葡园中的贵族；
占据区区几平方千米的沙砾土地；
坡地的方位像为它精心计量过，
刚好能迎上远道而来的季风。
它小时候，没遇到过一场霜冻和冷雨；
旺盛的青春期，碰上十几年最好的太阳；
临近成熟，没有雨水冲淡它酝酿已久的糖分；
甚至山雀也从未打它的主意。
摘了三十五年葡萄的老工人，
耐心地等到糖分和酸度完全平衡的一刻才把它摘下；
酒庄里最德高望重的酿酒师，
每个环节都要亲手控制，小心翼翼。

图 2-1　长城葡萄酒文案（一）

而现在，一切光环都被隔绝在外。
黑暗、潮湿的地窖里，
葡萄要完成最后三毫米的推进。

天堂并非遥不可及，再走
十年而已。

图 2-2　长城葡萄酒文案（二）

此类文案除了长城葡萄酒借用制造工艺凸显价值的文案，还有广告大师大卫·奥格威为奥斯汀轿车撰写的经典汽车文案《我用驾驶奥斯汀轿车省下的钱送儿子到格罗顿学校念书 ——来自一位外交官的匿名信》。

消费者经常问我们，怎样才能享受汽车服务和买到零配件？就我们的情况，答案很简单，从东海岸到西海岸，我们在美国和加拿大的经销商超过1000家。因此汽车服务和提供零配件对奥斯汀来说不是问题。我们的车不像过去那么稀罕了，事实上，今天，公路上有85 000辆奥斯汀车在行驶。以每小时65英里的速度行驶的新款奥斯汀汽车的性能可与跑车媲美，精密制造的带顶阀的四缸发动机，压缩比高达7.2∶1。汽车起步后在19.8秒内可加速到时速50英里。由于它有四种前进速度和超强的牵引力，您可以驾驶它到任何地方，无论道路泥泞或冰雪覆盖，无论是越野还是登山，奥斯汀都能保持平稳。

时速30英里时，急刹车可以减速到32码。假如您带着小孩，尽可放心，奥斯汀的后窗配有安全锁，绝对安全。这可不是什么普通材料做的，奥斯汀选用的是比其他家用车更厚的钢材。

充足的空间：

第一眼看上去奥斯汀比其他美国家用车小，但当你打开车门进去后，你会惊讶地发现车厢如此宽大舒适。里面没有多余的空间，每一英寸都可以利用，大得足以让 4 个身高 6 英尺（1 英尺=0.305 米）的人舒服地坐在里面。

另一个主要的优点是：您随时可以找到地方泊车，这是驾驶车的人一直关注的问题。

大卫·奥格威在奥斯汀的这篇汽车文案中最想突出的主题是：奥斯汀汽车非常省钱。他通过汽车的油耗、汽车的空间、可享受的服务三个方面详细地介绍了车的性能和省钱的原因。

大卫·奥格威在文案创作时抓住了消费者想省钱但又想买一辆性能不错的汽车的心理，而且在文案的标题上直接点明了消费者诉求——这款车最有价值的功能就是省钱。吸引人的标题加上文案内容全面的叙述，既戳中了消费者的痛点又解决了消费者的诉求。告诉消费者：你担心的问题，买一辆奥斯汀的车就都解决了。

这则文案之所以能成为经典并广为流传是因为创作者充分了解到了用户的痛点及其将希望寄托在一件产品上是为了解决什么样的诉求。

所以，在创作文案时可以多做用户调研，了解全面的信息，并对文案所描述的产品进行全方位的把控，了解每一功能背后可能会隐藏着什么样的消费诉求，消费者的痛点会是什么等问题。然后在文案的写作过程中紧密结合消费者的诉求，提出能够解决消费者痛点的步骤，这样的文案才能吸引消费者的注意，并且达到把目标人群转化为消费者的目的。

2.3 利用大数据分析用户信息，寻找用户痛点

当人们打开新闻类应用程序时，能看到自己倾向阅读的热点新闻；当人们打开淘宝时，众多自己喜欢的衣服、化妆品、小吃都会在首页出现。这些情景的出现都得益于大数据的应用。很多企业或商家借助大数据技术，收集消费者数据，分析出消费者的消费习惯、喜好、痛点等，然后根据数据分析结果向消费者展示他们喜欢的内容。

无数的文案创作者都在强调寻找用户痛点，那我们到底该如何利用大数据技术寻找并分析到用户的痛点信息呢？

首先，文案创作者需要做的是寻找数据价值。首先要厘清数据在哪里、如何看、怎么用，才能挖掘出数据敏感点，找出最符合用户痛点的信息。大数据的处理过程如图 2-3 所示。

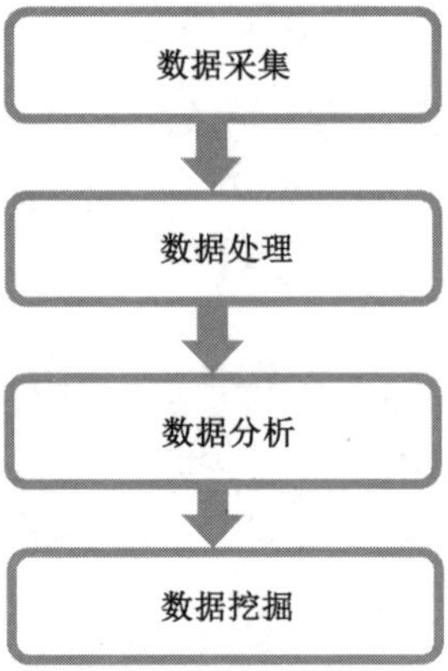

图 2-3　大数据的处理过程

这就和商家寻找消费者的数据信息一样，每个项目开始前，都要了解用户的现状，拥有的产品或服务是怎样的，这些产品之前的效果怎样，如今的市场销量趋势又是怎样。这些用户数据都需要慢慢抽丝剥茧，找出痛点，做出解决方案。可以概括为以下四点。

第一，发现问题（描述）。

第二，分析问题的背景和现状（诊断）。

第三，预测问题的发展动机（预测）。

第四，确认用户的痛点（决策）。

这里我们以当下的一个热词“隐形贫困人口”的诞生来解释其中的挖掘思路。

从 2017 年支付宝“年纪越大，越没有人会原谅你的穷”这种与金钱焦虑有关的文案直击无数用户的内心，到曾经红极一时的当代财务自由不断被引申为“正版音乐自由”“快车自由”“看剧自由”等，每一个“××自由”都暗含了用户当下的生活现状。

从传统媒体和新媒体对这些词语报道、评论次数，以及用户人群互动的频率来看，这些热词、热句、热文的出现，实际上都是人们对当下生活不满的一种自我调侃。我们需要进一步分析导致这种问题出现的原因，并挖掘出背后的痛点。

例如，新媒体和新闻报道中这些戳中网民内心痛点的文案：

> 你这么能花钱，一定很穷吧？隐形贫困人口都把钱花哪儿了？

当然，文案只抓住这种充满负面思维的痛点未免不够高深，愈是剖析愈是令大众“痛上加痛”，并未发挥出文案的实际效用。真正有立意有深度的文案要提出解决方案和深化主题，应该跳出框架，深入整个社会现状之中，找到贫困人口的真正关注所在。正如知著网上的一段话：

> 真正的隐形贫困人口，或许是那些我们从未了解过的，甚至不曾被记录在案的，在城镇、乡村、偏僻荒山的角角落落中艰难生存的人们。

这比上文又高深了一层，用更加全面，更加具体的情景体现贫困人口的现状，令人深思。而只有经过思考的事物，才能真正被用户记住。

当然，利用大数据对用户进行分析，并不是一蹴而就的，而是需要先完成三个前置步骤。只有完成这三步，运用大数据寻找用户痛点才具有实际价值。下面将为大家介绍这三个前置步骤。

1. 通晓产品的层次

许多产品的推广效果不理想并不在于产品品质不达标，而在于有的用户群体与产品的定位层次不匹配。例如，将一堆高端护肤品广告海报贴在菜市场，那么广告的效果想必会很不理想。

产品的层次决定产品的用户群体，而如果能够清楚地把握产品的定位，就能成功定位用户群体，这是后两步的基础所在。

2. 明确功能特点

产品的功能特点必须要明确，这样才能确保产品功能的独特性，成功吸引用户的关注。例如，对于一个商务人士与一个游戏玩家来说，他们对电脑的功能需求并不一样。当向一个商务人士推销电脑时，你只能以该电脑的安全快速作为功能卖点，并且附带稳定的操作系统。而面对游戏玩家时，你需要说，这款电脑游戏体验极佳，运行大型游戏画质清晰，速度流畅，不容易出现闪退、卡顿的现象。

因此，即便是介绍同一种产品的功能，文案创作者也得区别对待。文案的针对性越强，越能减轻用户的抵触情绪。也只有在这种情况下，用户才会相信你所宣传的产品对他是有用的。

3. 确定使用人群

有了前两步的积累，确定使用人群也就顺理成章了。

对于创作者来说，用自己的产品填补用户的不理想状态是文案创作中非常关键的一个环节。可以说，之前的一系列分析都是为这个环节做准备的。因为只有当产品能够符合用户的实际需求，也就是能填补用户当前的不理想状态时，用户才会真正接受并购买该产品。同时，创作者还需要“对症下药”，否则之前的努力都将付诸东流。对于这个不理想的状态，如果你不能有效填补，那么还会有其他产品抢着来填补。所以，要想达到营销的目的，文案创作者不仅要走自己的路，更要让竞争者无路可走。

以上这两种找出痛点的方式都值得文案创作者学习，不过文案创作者切忌好高骛远，一定要结合自身的水平去撰写文案，否则很有可能如同邯郸学步，导致文案的内容不伦不类，最终丧失卖点。

2.4 痛点太多等于没有痛点

如果一个文案的痛点太多，令读者眼花缭乱，分不清文案要表达的重点究竟在哪里，那么就会令痛点丧失了痛点的效果，甚至起到相反的效果。

文案的痛点越多，越容易引起文案的逻辑混乱。下面我们就一起看一看文案痛点过多所造成的后果。

1. 产品难以满足用户的需求

文案痛点一味增多，而不考虑自身的产品能否满足用户的需求，必然会导致产品推广的效果不佳，甚至给人留下负面的品牌印象。

例如，一家生产桃木梳的公司为了提高桃木梳的销售量，该公司的文案部门策划了一篇宣传文案。在宣传文案中，创作者用较多笔墨介绍了桃木梳的好处。比如，每天用桃木梳梳头能按摩头部皮肤，促进头部血液流通，预防脑血管疾病和老年痴呆症，还能修复发质。

虽然该文案寻找的痛点多，但当用户真正体验这种梳子时，很快就能发现这种梳子的功能无法达到宣传的效果。显然，在这种情况下，用户会觉得自己受到了欺骗，连带着会觉得这家桃木梳公司也是骗人的。一旦用户产生了这种想法，不仅不会购买产品，还会将自己的这种体验结果告诉周边的亲戚朋友。最终，该产品失去的不是一位用户，而是一群用户。

2. 产品容易被忽略

痛点过多有可能造成需求不集中，被用户忽略。很多人都有过这样的体验，当你有 100 元的时候，别人欠你 10 元，你不会催促他还钱。但是，当你全身上下只有 1 元的时候，别人还欠你 10 元，这个时候，你就会非常急切地希望别人主动还钱给你。

同样的道理，如果宣传文案营造的痛点太多，就有可能过于片面，导致用户产生的需求度不够强烈，甚至可以说是可有可无。由此看来，文案创作是一门技术活。创作者在创作文案的过程中需要把握尺度，保证用户的需求与产品的实际效果相契合。

3. 无法解释产品功能

当唤起用户的痛点后，文案需要做的是解释产品，让用户了解该产品对于痛点的作用，这样才能使购买行为水到渠成。然而文案痛点过多就会导致文案内没有篇幅解释产品的功能。

如此一来，文案虽然有了痛点，但却少了功能。当然，也有许多文案创作者这样想：用户可以自己理解呀！对不起，用户并没有如此多的闲工夫，而且就算用户真的有这闲余时间，也会去浏览其他更直接、更好的文案。所以，仅仅能唤起用户痛点，而不能解释产品的文案是难以打动用户的。

说完了痛点过多造成的不良后果，自然就需要介绍一些痛点单一的好处。接下来，让我们看一些痛点单一且精准的文案，看看这些文案与痛点过多的文案相比有何不同，例如，下文这些国内知名的房地产广告：

碧桂园 —— 给您一个五星级的家。

四季花城 —— 有一个美丽的地方。

世纪村 —— 倾情演绎国际文明居住标准。

南国奥林匹克花园 —— 运动就在家门口。

风和日丽 —— 美丽小城，亲爱一生。

建设·新新家园 —— 为我们的橙黄时代。

中城康桥花园 ——— 阳光灿烂的日子。

温馨花园 —— 一切为了爱。

这些文案，分别以“家”“温馨”“阳光”“爱”等广告词抓住用户对于安居乐业的渴望，痛点单一，诉求到位，一个词“点亮”住房的特色。在价值观多元化的今日，房地产商并没有刻意地营造消极的痛点，而是将人们对城市美好生活的追求发挥到了极致。都市人对于美好生活的向往，何尝不是一个深入人心的痛点？

我们再看一个宣传父亲节的文案。

愚公把两座大山移开，他的儿子们从此不必再绕路上学。

后羿射日，不忘留一颗太阳给孩子们取暖。

弗洛伊德想从孩子的睡姿猜出他们渴望的生日礼物，所以完成了《梦的解析》。

为了满足孩子“爸爸回家吃晚饭”的愿望，薛西弗斯把石头摆好，回家过父亲节。

文案列举了作为父亲的三个角色：愚公、后羿、弗洛伊德。以想象的手法来表现父爱，抓住读者内心的一丝温情，达到很好的父亲节宣传效果。虽然列举了三个例子，但强调的痛点并不分散，都围绕着一个核心——父亲的一切付出都是为了孩子，凸显了父亲的伟大，进一步扩大了父亲节的影响。

文案的创作过程一定要紧紧围绕某个核心痛点进行重点论述，只有对这个核心痛点进行不断扩充，不断加深，才能真正直击消费者的内心。

2.5 痛点表述要简单直白，试图“优美化”

大多数用户都是很“懒”的，他们不会花费多余的时间探寻痛点，他们追求的往往都是一眼就能清楚地了解该产品对自己的作用。所以，文案的痛点表述一定要简单直白，让用户省去寻找痛点的时间。

例如，Oogmerk 眼镜的文案。该文案并没有花费大量的篇幅去详细介绍这款眼镜如何美丽，能带给消费者什么样的好处，而是选用对比的方法，用卡通的形象将一个人戴上眼镜后的两种形象展现到人们面前。既让消费者一眼望去就能看出戴 Oogmerk 眼镜的优点，又凸显了“得到你应得的尊重”的文案主题，给人留下了极其深刻的印象。

在公益广告方面，这种手法使用得更为广泛，如图 2-4 所示。

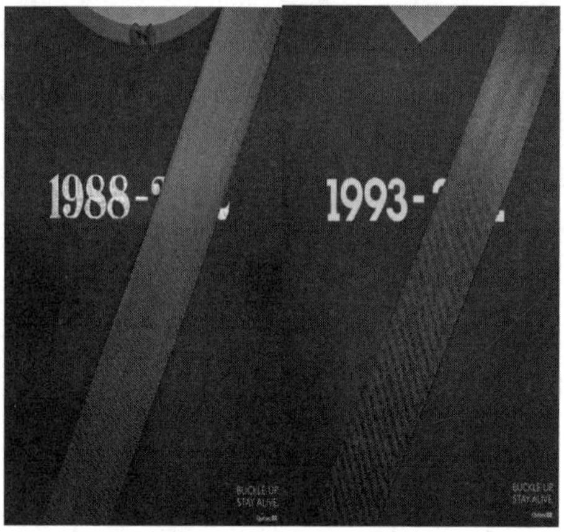

图 2-4　安全带的公益广告

图 2-4 的两张图片让不系安全带的后果一目了然：如果你不想现在就写下卒年的话，就请老实系上安全带。这则广告虽然运用了夸张的手法，使用户有种心惊胆战的感觉，但足够简单直白，让用户明白了解不系安全带的危害。

直白型文案最重要的就是要降低用户的理解难度，尝试说最简单的话给用户听，而在商业广告中，直白的文案再添加一些趣味性更容易赢得用户的青睐，用户会为你的机智买单。例如，肯德基与麦当劳这对“冤家”，肯德基推出广告牌文案“在此为您服务”。麦当劳则更胜一筹，借助肯德基的文案，推出文案“离您更近”，让过往的用户看到以后忍俊不禁，心里对麦当劳的好感更添几分。

从以上的案例我们可以看出，直白型文案通常都是借助调动用户的某些情绪实现其营销目的的。看完 Oogmerk 眼镜广告与安全带公益广告，用户感受到的是惊恐；看完肯德基和麦当劳的广告，用户感受到的是乐趣。所以对于文案创作者来说，痛点类型的文案一定要直白，并且能激起用户的情绪波动，这样才能让文案的效果发挥到极致。

第3章
洞见思维：为解决问题而给出独到的见解

什么是洞见？洞见就是对消费者的购买行为有着深刻理解，轻易找到消费者内心需求的过程。洞见思维的关键之处在于能够给出别人无法给出的解决方案，着力于解决用户急需解决的问题。

本章以文案创作过程中的洞见思维为切入点，从不讲空话、不对显而易见的事实再包装、不要故作高深的表达、不罗列现象、不“自嗨”五个方面介绍形成洞见思维的要素。通过本章的学习，读者能够轻松洞察消费者的内在需求，培养良好的思维习惯。

3.1 不讲空话，讲别人不知道的事情

随着互联网和智能手机的普及，网络上的信息和广告铺天盖地而来，这使得人们逐渐进入信息碎片化时代。由于信息太多，人们通常对没有新意和价值的信息，不会有深刻的理解和记忆，它们只能成为过眼云烟。因此，互联网文案在创作时要有洞见思维，这样才能告诉别人一些他们不知道的事情，而不是讲“空话”，即以一连串的数据或者罗列一些现象来说明一个大家都知道的事实。

在网络上，大家经常会在一些论文中看到下面这种观点：

在互联网环境下，信息的传播速度就像病毒一样，很难得到控制。如今，如果某企业在网络上遭遇到一些恶意诽谤，一旦应对不好，就会使企业陷入重重危机，那么企业该如何应对互联网上的恶意谣言呢？其方法：一是明智地选择应对策略；二是在整个过程中，要维持企业的正面积极形象；三是利用互联网思维，积极和用户沟通；四是提高公关活动的

效率；五是和更多合作者一起合作公关。

当你看到这样的文章后，有什么样的感觉呢？大家的感觉都一样，就是感觉很空，总觉得“少了点什么”。

具体来说，就是这段内容根本没有给读者提供他们不知道的信息，它的所有观点都是再明显不过的事实。比如，“明智地选择应对战略”“维持企业的正面积极形象”等结论都是大家已知的内容，这些内容几乎是任何企业成功应对恶意谣言的必要条件，也是任何人都无法反驳的“大实话”，但这些已知的“大实话”，对读者来说，就是无用信息。看到这样的内容，读者就会感觉作者像在和他强调“地球是围绕着太阳转的”一样滑稽。

这种语言华丽而复杂，但实际上内容很空洞的段子，根本没有给读者提供任何具体的行动指导。比如，它让用户“选择明智的应对策略”，那如何选择明智的应对策略呢？什么样的策略是明智的呢？什么样的策略是不明智的呢？这些才是读者最想看到的内容，但这篇文章只字不提，难怪很多人对这样的文案嗤之以鼻，不屑一顾。

假如大家要写一个旅游文案，可能很多人的第一反应就是用一些对仗工整、押韵的词组堆砌，比如，“乐享生活，畅意人生”“秀丽河山，畅享其中”“世界之大，畅游一番”之类的。当你看到这样的宣传标语时，你有什么感觉？有没有想去旅游的冲动？事实上 95%以上的人看到这样“假大空”的文案，都会头也不回地翻过去。

但如果创作者换一个角度，站在用户的角度去考虑，那么就会有令人耳目一新的描述方式。下面是一则吸引人的旅行文案：

你写 PPT 时，阿拉斯加的鳕鱼正跃出水面……

你看报表时，梅里雪山的金丝猴刚好爬上树尖……

你挤进地铁时，西藏的山鹰正在盘旋云端……

你在会议中吵架时，尼泊尔的背包客正端起酒杯围坐在火堆旁……

总有一些穿高跟鞋走不到的路，

总有一些喷着香水闻不到的空气，

总有一些在写字楼里永远遇不见的人。

看到上面这样的旅行文案，你是不是也有一种“世界那么大，我想去看看”的冲动？

凡是优秀的互联网文案一定有两种功效：一种是给人以立即行动的驱动力；另一种是给人可憧憬的广阔空间，即精神力量。总之，创作文案，一定要保证文案内容可具体化、视觉化。

美国强生视力的新产品——强生美瞳的广告词是“大眼睛的小秘密”，这则文案想表达的其实是让眼睛变大并不难，只需戴一款强生美瞳眼镜。但是，如果用“戴强生美瞳，就能让你的眼睛变大”这样的表述逻辑，就如同在做一个事实陈述，文案就变得索然无味。

“大眼睛的小秘密”这则文案之所以吸引人，是由人的天性决定的，人都有窥探欲，总是对神秘的事情抱有热情。那么大眼睛里到底藏着什么样的秘密呢？这个“秘密”有两个方面，一方面是通过佩戴强生各种款式的“彩色隐形眼镜”让小眼睛变成大眼睛；另一方面是与用户的心境有关，大家都知道“眼睛是心灵的窗户”，戴上美瞳除了能让自己变得更漂亮，还能给自己带来力量和自信，给别人一种新鲜感。

例如，找工作面试时，戴上黑色的美瞳，自己会变得很有自信。和男朋友约会时，每次带不同的美瞳眼睛，能给男朋友带来新鲜感。在文案中配上这种场景化的副文案，怎能不吸引人呢！

不管在哪个时代，文案要想吸引人，内容不但要有趣，还要有价值。特别是在互联网时代，读者眼光越来越挑剔，“一眼”不合，内容就会被直接忽略。那些生搬硬套和“高大上”的词汇，大家不但不喜欢去阅读，甚至还很反感。

文案一旦不是读者想要看到的东西，必然不可能吸引读者，更不可能激起读者的购买欲望。因此，文案创作首先要知道读者喜欢读什么样的内容，只有从读者的喜好“对症下药”，才能激起读者的阅读兴趣。

互联网上的信息更新速度如此飞快，如果我们写的东西不能吸引大家的注意，那么很快就会被淹没在信息的海洋中，变得一文不值。那么，如何写文案才能吸引读者呢？其内容如图 3-1 所示。

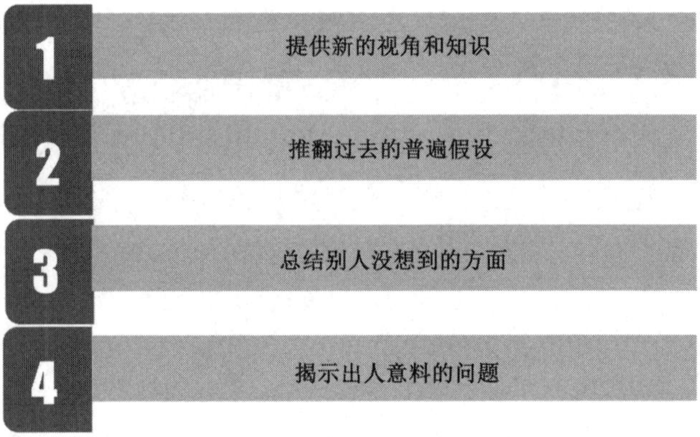

图 3-1　让文案有价值的创作关键

总之，文案是一种针对用户感受的设计。制作文案时，一定要注重读者的感受，创作者要花费大量的时间去了解用户在想什么，要用最简单直白的语言来影响用户。毕竟很多人看文案，最想知道的是“如何做”的问题。所以，文案要能给大家提供具体的解决方案，而不是罗列一些显而易见的事实。

3.2 不对显而易见的事实再包装，把复杂的事情简单化

在互联网文案的创作过程中，如果在文案中对某些显而易见的事实加以包装，企图以华丽外表包裹着粗浅内涵的形式获取用户的青睐，无疑是大错特错。在洞见思维的建立过程中，尤其需要避免这种情况的发生。

例如，某企业 2018 年的文案如下：

> 目前，智能化的时代正在走来，手机的智能化也更加普及。环顾我们的四周，发觉似乎人人都手握着一部智能手机，那么你还在等什么呢？买我，就对了！

仔细读完之后就会发现，该文案实际上仅表达了：智能手机时代来临，你该买手机了，而且该买本企业的手机了。至于到底为什么要买该企业的手机，该手机有什么性能优势，以及同类产品对比等关键性问题却只字未提。

总结一下就会发现，实际上该文案只传达了一个谁都知道的

事实（智能手机人人都有），却没有一点关于产品功能信息的内容。也就是说，该文案企图以一个粗浅且人人都知道的信息，去诱导人们购买手机这样一个功能复杂的产品，其整篇文案单单只有一句：买我，就对了！

一个好的文案需要做的是将复杂事情简单化，即将一些烦琐复杂的事实整理后，转变为简单的一两种情况，并对这几种情况提出独特而简单的解决方案，弱化这个事件的复杂性。

20 世纪 90 年代的纽约被称为“犯罪之都”，城市内的犯罪现象十分严重，多位上任的警长都无法根治纽约的乱象，而这些警长的治理方案是这样的：

第一，提高全纽约的警力部署，加强管控。

第二，提升警察的素质，培养高效率的执行力。

第三，展开公民思想教育。

第四，加强巡警次数。

…………

诸如此类的方案可能还有近百页，但看完之后，相信每一个人都有这样的感受：虽然内容繁多，但是看完以后对于怎么治理纽约依然毫无头绪。造成这种情况的根本原因在于这些方案没有简单化，没有对治理纽约治安这样一个庞大而复杂的问题进行简化。

不过，这一切在一位新的警长上任后，终于得到了真正的解决。这位警长就是大名鼎鼎的威廉·布拉顿。威廉·布拉顿上台后重新制定了治理方案，他采取“零容忍”的政策，将治理纽约的大问题简化成几个方面的小问题，并对这几个方面采取相应的措施，从而在没有追加治理预算的情况下，在不到两年的时间里，将纽约市从“犯罪之都”变成了整个美国最安全的城市。

1994—1996 年，纽约市的犯罪案件同比减少了 17%，重案数量减少了 39%，谋杀案数量减少了 50%，盗窃案数量减少了 35%。截至威廉·布拉顿任期结束，市民们对警察局的信任度由 37%上升到了 73%。与此同时，整个纽约市警察局的警官们对工作的满意度也空前高涨。而促成这一切的威廉·布拉顿也因此在 1996 年成为《时代》杂志的封面人物。

该方案如表 3-1 所示。

表 3-1　纽约市的治安问题与治理方案

纽约市治安问题	治理方案
毒品犯罪问题严重	分配更多的警力，改变警察工作时间
纽约市地铁犯罪问题严重	缩短地铁巡逻警察的巡查范围和审讯时间
纽约市警察局办公用地不足	与纽约市假释分局交换资源，用汽车换取用地
纽约市警察办公积极性不高	采用责任分区制与战略总结会制度

1. 毒品犯罪问题的解决

首先，威廉·布拉顿对警力的分配进行了调整。以往纽约市民们烦恼的是那些经常发生的、造成市民生活不愉快的事情。例如毒品犯罪，据估计，在1994年纽约因吸毒导致的犯罪案件占总犯罪案件的30%以上，但分配到巡查毒品交易的警察只有不到5%。

因此，威廉·布拉顿一方面加派投入治理毒品交易的警察，将这一人数比例提升到了原先的3倍以上。另一方面，以往的警察工作时间都是从星期一到星期五，但与毒品交易密切相关的犯罪行为大多发生在周末，威廉·布拉顿上台以后，迅速改革了这种制度，将警察的工作时间重点安排在了周末。

2. 纽约市地铁犯罪问题的解决

威廉·布拉顿缩短了地铁巡逻警察的巡查范围和审讯时间。纽约地铁的犯罪率一直居高不下，以往的纽约警长认为阻止地铁犯罪的唯一办法就是加大警察数量的投入，对地铁的700个入口和出口进行巡逻，所以他们在任期中都是不断要求增加预算，以求能够增加地铁中的警察数量。但威廉·布拉顿却并不这么认为，他认为解决问题的方法应该是更加细致化地投入资源，而不是没有目标地浪费资源。

为了证实这个观点，他对整个纽约地铁犯罪的地点进行了分析，结果发现，大多数的犯罪都集中在少数的车站和线路上。于是威廉·布拉顿让更多的警察在案件多发地段穿上便装，让罪犯们意识到没有看见穿制服的警察并不意味着警察不在。

但这一点改进并不足以解决地铁犯罪问题。在研究结果中，威廉·布拉顿还发现，对于一个案件，警察从逮捕罪犯到建立事件档案，处理时间长达 16 小时，许多警察对此痛恨不已，也因此许多巡逻警察都尽量避免抓捕小案件的犯人。威廉・布拉顿意识到，如果他能用现有资源解决这个问题，就意味着能解放大量的警力，处理更多的案件，同时还能提高警察的工作积极性。

为此，他将“拘捕巴士”放在犯罪较多的地铁站附近的角落，巡逻警察可以直接在“拘捕巴士”上处理罪犯。这种“拘捕巴士”用旧公交车改造而成，没有增加警察局的开支，同时由于就近处理，不需要前往警局备案，处理案件的时间从 16 小时缩短到了 1 小时。从此以后，纽约地铁的犯罪率大幅下降，并且是在没有增加任何预算与警力的前提下实现的。

3. 纽约市警察局办公用地不足问题的解决

随着时间的不断推移，历经几十年的发展，纽约市的许多组织都积累了大量的资源，但这些资源许多都是自己不太需要的，而自己缺少的资源却总是难以获得。例如，纽约市假释分局有许多多余的办公场地，但却缺少汽车；而纽约市警察局缺少办公场地，却多出许多没有警车标记的汽车。于是，在威廉・布拉顿的授意下，纽约市警察局的警官们搬进了市区的黄金地段，获得了急需的办公场地，而纽约市假释分局也得到了他们需要的汽车资源。

4. 纽约市警察办公积极性不高问题的解决

除了以上的三种治理方法，威廉·布拉顿还通过激励措施调动警察的工作积极性，加强纽约市的犯罪治理。他的具体做法如下：

威廉·布拉顿设立了责任分区制，将每一个街区的治安落实到该街区的巡逻警察身上，每一个分区的治安落实到当地的区警长身上，每一个行政区的治安落实到行政区警长的身上。这样一来，每一个警察的责任和目标都得到了明确，避免了责任不明确导致的警察互相推卸责任的情况发生。

同时，他规定每周召开两次战略总结会，会议要求市局要员和全市 76 个分区的警长必须到场，包括三星级别的警长、分区警长，甚至他本人也要尽量到会。同时，会议会挑选某些警长进行提问。

会议上，被挑选出来的警长需要解释所管辖分区的犯罪模式、报警时间与地点情况，同时接受其他分区警长在工作方面的提问，如果辖区内的警务行动没有能及时应对突发犯罪，该警长就会被要求进行详细解释，解释他们正在如何解决问题，或者将如何改进工作。

那些不称职的警长再也不能借口说，是由于临近的分区工作没有做好而造成的问题，因为临近分区的警长很可能就坐在他的附近，一旦出现推脱责任的情况，这些警长肯定会对其推脱的说辞进行回应。同时，一些优秀警长会得到相应的表彰与认可，因为他们不仅能够管理好自己的辖区，还能够帮助其他的警长治理他们的辖区。

这种责任分区制与会议模式改变了纽约市警察局的风气，让每一个人都清楚了自己的责任与获得提拔的可能性，让整个纽约市的警察形成了一个整体。在威廉·布拉顿上任前，分区警长们几乎从没有以团队的模式工作过。此后，这种会议模式被分区警长们推行到了所在的辖区，因为有机会展示自己的劳动成果，所以分区的警察们工作热情变得空前高涨。

虽然此前的一系列举措都极大改善了纽约市的治理，但在这个过程中威廉·布拉顿也遭受了一些阻力。面对这些阻力，威廉·布拉顿并没有退缩，他仍然采用细化问题的方法，将这些阻力细化成一个个小问题，并采取相应的方法解决。

在威廉·布拉顿看来，在改革纽约市治理方案的过程中，主要有来自两个方面的阻力，第一个方面来自警察局内部，第二个方面主要来自纽约市的法院。

1. 分区警长的异议

当威廉·布拉顿要求分区警长收集详尽的犯罪信息和犯罪地图时，许多警长由于担心此举会浪费掉许多用来打击罪犯的警务时间，因此纷纷提出异议，这就是第一个方面的阻力。威廉·布拉顿提前预想到了这一阻力，他命令副局长杰克·梅普尔制作了一个情报系统，这个情报系统覆盖了纽约市犯罪率最高的几个区域，能够详细提供犯罪的地点与时间，而操作这个系统，每天只需要 18 分钟，于是以往那些提出异议的警长就无话可说了。

2. 法院的反对

改革治理方案的第二个阻力来自纽约市的法院，因为法院担心改革以后小案件的数量激增，法院难以受理如此多的案件。为了解决这方面的阻力，威廉·布拉顿找来了纽约市长鲁道夫·朱利亚尼，并向市长表明，法院有能力且必须要处理这些小案件，因为这些小案件严重影响了市民的生活质量。了解了威廉·布拉顿的方案后，市长决定加以干预，他在许多场合公开支持威廉·布拉顿的方案，同时他和威廉·布拉顿向法院保证，虽然短时间内法院的工作量会上升，但一旦治理完成，法院的工作量会大大降低。

看到市长站在了威廉·布拉顿一边，法院只好将目光转向纽约市的议员们，希望议员们通过立法手段使得法院获得免于处理小案件的权利。法院给出的理由是小案件会妨碍法院的司法工作，并极大增加市政的预算费用。但法院低估了威廉·布拉顿的决心，威廉·布拉顿在法院争取议员立法支持的时候，不断召开新闻发布会，发布报刊文章，并得到了《纽约时报》的关注，于是“零容忍”政策成为市民讨论的热点。同时，市民从这些报刊和发布会中得到这样一条信息：法院有能力且应该处理这些小案件，这不仅仅关乎预算支出的问题，还关系到纽约市民生活质量的问题。

就这样，市民们支持“零容忍”政策的热情空前高涨，而得到市民支持的威廉·布拉顿成功让议员们放弃了立法的打算，也成功解决了法院的阻力，毕竟如果法院和议员们一意孤行，那么最终面对的就是全纽约市民的怒火。最后，当政策实行了一段时间以后，结果如同威廉·布拉顿预想的一样，纽约市的犯罪率大大降低。

威廉·布拉顿的成功之处就在于他将治理纽约这样一个复杂多变的问题转化成一个个简单的小问题，并针对这些小问题提出相应的解决方案。他并没有像前几任警长一样，看到问题后只提出表象化的解决方案。

同理，在文案创作的过程中，文案创作者需要的就是将复杂的内容简单化，用心捉摸出用户的每个简单需求，这样的文案才能获得用户的认可。

3.3 不要故作高深的表达，要为行动提供指南

在台湾，有一句广为流传的钢琴培训广告语：学钢琴的孩子很少变坏。乍一看没有什么了不起的地方，但正是这样一句简单朴素的话，却在台湾引起了钢琴培训热潮。要知道，家长可能不知道孩子学习钢琴有什么好处，但绝对不希望自己的孩子变坏。该文案正是利用了家长的这种心理，舍弃了对于自家钢琴高深华丽的描述，转而从一个简单的需求角度切入，不说产品有多好，只诉产品无过错。

与它相同的还有香港的愉景湾。

愉景湾小区位于香港大屿山，它就像陶渊明笔下的“世外桃源”，这里规定不能开车，空气甘甜，有面朝大海的海滩，绿化带布满全湾，因此吸引了许多外国人入住。但由于地理位置偏僻，升值潜力小，对于当时的香港房地产投资人来说，愉景湾并不是一个值得投资的地方。而在 1997 年亚洲经济危机后，香港经济呈现下滑态势，房地产的成交数量大大减少，全港失业率达 7%，人们对于楼市的前景非常悲观，甚至出现了恐惧感。

正是在这样的情况下，愉景湾实现了销量的增长。先让我们看看愉景湾的文案广告：

> 就在这几年，只是这几年，
> 多谢你，令我改变，
> 突然之间，我觉得自己好重要，
> 不知什么时候开始，我变得很中意笑，
> 有时好傻地想，真是不想你大得那么快，
> 不知道将来会怎样，
> 只知道今天，我要给你一个最好的童年，
> 愉景湾，海澄湖畔一段。

这则文案没有以房子的价格、地理位置、交通便利等内容作为主要卖点，而是侧重于叙述父母眼中孩子的成长过程，强调给孩子一个良好的童年环境，以精准的卖点打动了愉景湾的目标群体。

因为当时购买房子的一般都为香港的中上层家庭，对于他们而言，房子的价格、位置等内容都不足以成为打动他们的筹码，再加上在经济危机的形势下，谁都不看好房地产的投资。愉景湾基于这样的考量，逆向思维，从父母最重视的孩子的角度入手。对于父母而言，孩子绝对需要一个好的成长环境，而且父母与孩子最为亲密的时间就在孩子的童年时期，孩子一旦升入中学，进入逆反期，就会慢慢疏离父母。这些受过良好教育的中上层家庭的父母也都经历

过这些过程，正因为如此，他们才会更加重视孩子的生活环境。

愉景湾第一波广告投放后，一期住房在不到一个月的时间内卖完，预计好投放的第二波广告也因此被迫取消。

愉景湾的广告文案的成功靠的正是对准目标用户的需求，最终实现了企业的腾飞。因此，文案创作者在设计文案的过程中，也要尽量避免使用过于高深的内容，因为你的用户很可能并不看重这些。用户需要的往往是能够快速直达内心需求的文案。

例如，在寒暑假期间，各家商铺都有折扣信息，承载这些信息的文案往往没有任何高深的表达，其内容都是以用户的需求为设计指南，如图 3-2 所示。

用户一眼看到该文案的内容，就得到了需要知晓的信息：购买 299 元的东西能够优惠 99 元。同时，这份文案也满足了目标受众的需求：节假日买东西有折扣。

企业在借助文案推广产品时，一定希望文案能够吸引更多的用户，在这个过程中自然内容越能被用户接受越好，文案的文字部分越简单越好，最好一句话就能将企业想要表达的信息全部囊括进去，而这就要求文案的内容不能太过高深。

限时优惠
暑期
NEW FOR YOUR
促销
NEW
满299元立减99元
新品优惠升级
全场特价 买一送一
神秘魅惑 性感香味
百款新品 盛夏上新
WITH HUNDREDS OF NEW JOINT
/夏日潮流新风尚/
There are moments in life when you miss someone so much that you just want to pick them from your dreams and hug them for real! Dream what you want to dream;go chance to do all the things you want to do
©视觉中国

图 3-2　寒暑假促销文案

3.4 不罗列现象，要为现象找原因

在小米发展的前几年，为什么华为和中兴没有它发展快？一些没有洞见思维的文案就会这样写：小米手机性价比超越了其他国产手机，所以赢得了消费者。小米的营销方法多样，善于利用粉丝经济。雷军的个人魅力强大，所以销量好。

以上这些叙述只是简单罗列了小米的特点，却没有进行具体分析，没有为现象寻找到具体的原因。例如只说了小米手机性价比超越了其他国产手机，所以赢得了消费者，但没有分析出为什么华为、中兴的规模明明比小米更加庞大，技术也更为深厚，性价比却不如小米。

而善于为现象找原因的文案，就会对引起这种情况的原因进行深入分析。依旧以性价比为例，华为、中兴之所以无法制造出性价比高的手机，是因为其业务量太过庞大，无法腾出资金制造手机，造成这种现象的原因有三个。

第一，在当时，手机的销售需要经过层层经销商，如果通过

网络销售高性价比手机，会直接损害中间经销商的利益。

第二，依赖出售手机产品赚取利润，没有相应的软件服务。

第三，线下销售的库存成本高。

因此，对于当时的华为、中兴等手机厂商来说，不宜出售高性价比手机。

一般情况下，用户的心理反应分为三层。

第一层：“这是真的吗？”（略微惊讶）

第二层：“你说得真对！”（情感的共鸣）

第三层：“只有你懂我。”（心底认可）

文案创作者需要做的就是让文案“碰到”消费者的三层反应，否则就只能算一个失败的文案。这也就需要文案创作者在策划文案的过程中避免罗列现象的情况，下面为大家列举一个罗列现象的文案。

某化妆品公司请来了著名的女明星作为品牌代言人，并设计了“媚丽一辈子”的文案。该文案旨在向用户传达这样一种信息：用了这款化妆品，你就能像这位女明星一样美丽一辈子。然而到底为何用了它以后就能像这位女明星一样美丽，是能够让自己的皮肤更加光滑，还是让皮肤更加紧致呢？这一点文案完全没有传达出来。该文案的内容甚至都不能触及用户的第一层反应，让用户感受到

“这是真的吗？”的惊讶。

要知道，购买化妆品的人都是女性用户，她们需要的是真实且有用的功效，或者说能够让她们变得更美丽的方法。当她们看到这样的文案内容时，或许会感叹一下这位女明星保养得当，然后就会移走目光，毕竟不说明功效的化妆品很难让人买得放心。

当然，成功文案也是比比皆是。例如，雅诗兰黛的文案。

该文案中讲明了该护肤品的功效为“密集补水，让双眸更水漾”，同时还告知用户一个加强功效的小秘方：“冰镇后使用，赶走晨起‘水泡眼’。”既避免了罗列现象造成的信息传达不准确，又以一个解决问题的小技巧，让用户感受到了“这是真的吗？”的微微惊叹。同时，如果用户按照上面的小技巧使用以后发现效果确实不错，此时该产品的文案就触及了用户的第二层反应“你说得真对！”，而至于最后一种反应，则需要用户长久使用该产品以后，确认效果卓越，才能产生“只有你懂我”的感叹。

文案创作者不应罗列现象，而要为现象找原因。

3.5 不自嗨，要戳中用户的需求点

文案创作者在创作文案的过程中，需要避免“自嗨”。因为“自嗨”的结果只能是创作者自我认同，而不能得到用户的广泛认同。

通俗来讲，“自嗨”型文案是指文案创作者写完之后自己觉得满意和高兴的作品，放在其他人眼中则无聊且乏味。“自嗨”型文案只能代表文案创作者的个人意愿，并不能代表广大用户的意愿。

所以，文案创作者要拒绝“自嗨”，戳中用户的“需求点”。那么到底该如何做呢？首先让我们看一下“自嗨”型文案与不“自嗨”型文案的对比。

当我们需要为某个旅行箱策划文案时，“自嗨”型文案是这样的：

带上它，远离喧闹都市，

带上它，奔向梦想之地，

如今，你还在等什么？

快带上它，开启一场多姿多彩的炫酷之旅，

一路“箱”随，伴你左右。

文案出自一个文学大师之手，乍一看，文字优美，辞藻华丽，富有韵味。但仔细一想，除了第一个“远离喧闹都市”能戳中新一代青年渴望在都市重压之下得到释放的需求，其余的都是一些和产品卖点无关的话语。诸如“奔向梦想之地”“开启一场多姿多彩的酷炫之旅”，都和旅行箱的产品特点没有半点关系。难道买了一个旅行箱就能奔向梦想之地？如果真有这样的箱子，恐怕不用广告宣传，就早已被抢购一空了。

当消费者看到“自嗨”型文案的时候，通常都会有“丈二和尚摸不着头脑”的感觉，虽然广告语很华丽，但这个产品到底有什么优点，或者说到底有什么值得去买的特点，其实并没有说清楚。当这种文案出现时，他们只会在心里微微感叹一下，广告语写得不错，然后就将其抛到脑后，继续浏览其他产品了，而这一刻，也是该广告文案宣告失败的一刻。

那么不“自嗨”的旅行箱广告文案又是怎样的呢？想要完成不“自嗨”型文案，我们就要先对消费者进行需求分析。

为什么要买旅行箱呢？想要去旅行。

什么时候去旅行呢？不知道。

为什么不知道呢？太忙了，没时间！

当我们分析到这一步的时候。不“自嗨”型文案就出现了。

多久没去旅行了

就是这样简单一句话，戳中了多少渴望旅行，却因为工作太忙放弃旅行的人的痛处，这痛处对于文案创作者来说刚好就是用户的“需求刺激”。

以上，就是关于不“自嗨”与“自嗨”型文案的对比，但相信仍然有许多人不太清楚到底该如何区分“自嗨”型文案与不“自嗨”型文案。故此，接下来我们将介绍“自嗨”型文案的六个类型，帮助大家区分。

1. 自吹自擂

这个类型的“自嗨”型文案不在产品特性上做文章，反而舍本逐末，将精力放在遣词造句上，不断琢磨华丽的词语，把一些不相关的东西说成相关的，把产品夸赞成举世无双的。例如，上文介绍的旅行箱“自嗨”型文案，毫无根据地就奔向梦想之地，但实际上这些“高大上”的词语和用户的需求没有一点儿关系。

2. 强行“双关”

强行“双关”的文案指的是强行“自嗨”的文案。这种文案说得好听点是“创意”文案，以一语双关的形式拉近产品和用户诉求的关系，但实际上因为没有策略上的支持，并没有挖掘出用户真正的需求。

例如，上文的“一路‘箱’随”，因为“一路相随”与“一路‘箱’随”中的相与箱谐音，所以采用了双关的文案形式，但这种双关仅仅带给人一种新鲜感，看完之后，新鲜感消失，用户就不再过多关注。此类文案常常出现在追求热点的促销中。

3. 预设结论

以直觉、经验为依据，从而得出某个结论，但这个结论并不代表用户的想法，此类“自嗨”型文案采用的方式有点类似于“自吹自擂”，企图用一些华丽词语掩盖不合理的结论。

例如，一则电视广告文案：清空旧日子，拥抱新生活。这就是预设结论模式的“自嗨”型文案。清空旧的东西，新的生活才会来临。新生活如何来呢？买新的产品。这是文案的逻辑表达，也是文案的预设结论。不过对于消费者而言，旧的东西为什么一定要清空呢？难道清空了才能获得新生活？这恐怕需要打上一个问号。

4. 帮助决定

如今，人人都是独立的个体，人们更希望且愿意通过自己的意志来做出最终的决定。

但有一些“自嗨”型文案，常常将需要宣传的产品包装成一个必须要购买的产品，或是用了十分划算，不用会后悔的产品，借此带给用户一种必须要购买的错觉，达到帮助用户做出决定的目的。

例如，某游戏公司早期的广告：“人人都玩，不玩才怪。”

这个文案表达了一种你不玩这个游戏就是异类的观点，强迫用户做出玩游戏的决定，但实际上这样做很容易引起用户的反感。所以在文案策划中一定要极力避免此类“自嗨”型文案，用真实的口碑和有特色的产品吸引用户，让用户自己做出选择。

5. 将特例当成全体

“自嗨”从字面上理解，就是存在着一种感动自己的可能。存在即合理，既然能够感动自己，那么就有可能感动别人。但在实践过程中，为什么其他人看到文案会一点感觉都没有呢？其实原因很简单，有些情况确实存在于少数人身上，但是在全体的目标人群中并不多见。

将特例当成全体目标人群，一方面可能是由于人群取样不够，另一方面可能是对于特例人群的了解不够深入，还有可能是由于时代的变化，以前的情况已经不适用于现在了。

6. 文案内容无价值

美国广告协会对广告的定义：广告是一种付费的传播，其目的是传递信息，让人们对广告产品的看法发生变化，并引发人们行动，最终使得广告主获得利益。

里面出现了一个关键词：传递信息。因此，如果你的文案传递的是众人都明白的内容，这意味着文案没有太大的价值，也就失去了广告文案的意义。

看完以上这六种“自嗨”型文案，我们会发现，这六种“自嗨”型文案都有一个共同的特性——“以主观为中心”，其主观意识越过了客观意识。换句话说，就是没有真正与用户进行沟通，没有从用户的角度感受这段文案带来的信息，这种类型的文案只能自娱自乐，无法切实有效地对用户进行“需求刺激”。

第 4 章 缺口思维：用犀利标题种下好奇种子

广告大师莱昂内尔 · 亨特说："如果标题不够引人注目，那文案的内容再好都没有用，有时候标题胜过千言万语。"对于文案来说，如果没有一个犀利的标题，恐怕很难在消费者的心中打开一个缺口，让消费者接纳文案中推广的产品。所以，一个别具匠心的标题往往能吸引更多消费者驻足。

本章将引领读者领略缺口思维，将各类精彩的文案标题分为五大类：新闻式、数字式、故事式、趣味式、疑问式，使读者深刻理解文案标题的产生，综合学习撰写文案标题的思路与方法，建立一个立体的、系统的、体系化的知识体系。

4.1 新闻式：抓当下热点，引爆话题

雷军有一句相当经典的话："只要站在风口，猪也能飞起来。"它的深层寓意是如果借势得当，即便是没有才能的人也能一飞冲天。新闻式文案标题的内在要素也是如此，就是需要抓住当下热点，借势而为，引爆话题流量。

小米在中国的发展速度令人称奇。2012 年，小米累计销售额达到 126 亿元，不到两年，这个数字上涨到 743 亿元。在这个过程中，小米紧紧跟随风口，抓住热点的广告文案是主要功臣之一。

在小米疯狂发展的过程中，一些质疑也随之而来，有一段时间，外界疯传"小米模仿苹果""小米是山寨国产机"等，这些言论将小米推到了风口浪尖。这个时候，雷军没有自乱阵脚。相反，他借助这个热度，策划了一篇《其实小米才是被模仿的那位》的文案。这则文案公布以后，外界一片哗然，许多人忍不住评价雷军是"手机制造业的段子手"。

事实证明，雷军策划的文案是成功的。既然人们关心小米是不是模仿苹果，那么雷军就利用大家对这个问题的关注，策划出一篇大众关心的话题文案吸引用户的注意。如此一来，用户关注的重点就从模仿转移到了小米的产品上。有了关注，自然就有了潜在的用户。

与小米的文案营销类似的还有耐克品牌。当空中飞人迈克尔·乔丹在美国职业篮球联赛赛场上驰骋的时候，耐克与他签下了长达五年，每年 100 万美元的广告合同。这个价格比行业平均价格高出了近 4 倍，甚至连《财富》杂志也认为，对于当时状况不太好的耐克来说，这是一个不太明智的决定。但事实证明，耐克的决定是相当正确的。自从签约以后，耐克借由乔丹的名气，不断推出与乔丹相关的文案，耐克的生意开始好转并呈现扩张态势，不久以后，它一跃成为了美国高档篮球鞋的主导品牌。

耐克的品牌战略并没有什么高深的技巧，只是他们抓住了乔丹最有影响力的时段，用乔丹的热度，不断引爆话题，实现了产品的腾飞。除了以上两个企业，还有一批企业借助公益活动的热点进行产品宣传，例如，壹儿·艺企业。下面是壹儿·艺企业的文案广告。

农民工篇：

如果可以，请不要告诉孩子，

如果他们从小不努力，

以后就只能做农民工，

我们的双手粗糙，

但我们赚的都是劳动所得，

我们的衣服破旧，

但我们在为你所生活的城市，

做着贡献。

环卫工人篇：

如果可以，请不要告诉孩子，

如果他们不认真读书，

长大后就只能扫大街，

我们很低微，

但我们绝不卑贱，

城市的环境，

也有我们的一份功劳，

可以无愧享受他人的尊重。

警察篇：

如果可以请不要告诉孩子，

如果他们再调皮，

就会被警察叔叔给抓走，

我们希望，

在他们遇到危险的时候，

会向我们求助，

而不是被我们吓走，

壹儿·艺企业以公益广告的形式宣传幼儿教育，借赞美这些处于城市边缘的职业，以引起人们关注幼儿的教育，并利用社会的反响提高企业的知名度，树立一个正面的企业形象。

从上面三个案例中，我们可以看出新闻式文案的三个类型，如图 4-1 所示。

图 4-1　新闻式文案的三个类型

1. 借助热门事件

简单来说，热门事件指登上微博、微信、百度等产品的头条新闻，它可以指热门明星制造的话题，也可以是重大科技变革，还可以是某些产品的发布会等。借助这些热点事件，蹭一波热度，可以达到推广自身产品的目的。

2. 借助明星人物

明星效应通常能够带来双赢的结果。虽然明星与产品表面上看起来毫无关联，但明星自带的流量确实十分可观。

不过水能载舟，亦能覆舟。因此在利用明星效应吸引用户的过程中，需要准确估量明星的形象和声誉是否积极、健康、向上，能否留给用户一个良好的印象。同时，还要衡量明星的形象和声誉是否符合企业的核心价值观，如果和企业的价值观较为吻合的话，就能起到一种叠加式的效应，拉动企业产品的推广。

3. 借助公益活动

在企业的品牌塑造过程中，可以在文案中加入公益元素。不过需要注意的是，企业必须切实投入到公益事业当中，积极承担相应的责任，让用户看到企业是实实在在地进行公益活动，而不是作秀。

例如，许多淘宝店铺都有公益捐赠活动，当你购买店铺内的某件产品时，你就相当于为贫困山区捐赠了一笔善款。这样一来，购买店铺内的产品就不再只是让卖方得利，还能让贫困山区的孩子获得一本书、一支笔、一顿饭。这样一来店铺的产品很快就变得具有正面形象，让用户能够深刻记住。

4.2 数字式：以数吸睛，提升冲击力

数字具有一种直击人心的巨大震撼力。通常情况下，数字越大，冲击力越强，例如“苹果市值超过万亿美元”“阿里巴巴市值破四千亿美元”“天猫‘双十一’成交 571 亿元”“小米销售额 126 亿元”等。但单纯以某个数字作为标题的内容，无法形成对比，数字虽然大，但带给用户的冲击力是有限的，所以数字式的标题不仅数字要大，还要有其他的数据与之进行对比，这样的文案才具有无与伦比的冲击力。

一篇《五年内，她让一家公司活跃用户达 12 亿》的文案引起无数人的瞩目。该标题没有说明什么公司，没有说明“她”是谁，一开始就营造了一种神秘的氛围。而“五年内”预示着一个大概的时间概念，随后“一家公司活跃用户达 12 亿”与先前的时间概念，形成了一种对比，加强了信息的冲击力。

试想一下，如果说公司活跃用户达 12 亿，或者说五年内，公司活跃用户极速增长，那么带给人的冲击力就小得多。因为虽然数字大，但是没有对比数据，无法给人一种可以衡量的感觉，也

就很难在用户心中留下一个可以感知的情景。

当用户感受到一种情景以后，再去阅读文案的内容时，就会带着一个疑问，并会对这个疑问进行探究，不断在文案中寻找答案。在这个过程中用户对文案的注意力是高度集中的，自然对文案的内容印象也是十分深刻的。

除此之外，数字式的文案还能通过逆向思维的模式，从不符合常理的角度出发，吸引用户的注意。美国顶尖的文案创作者罗伯特·布莱认为，广告标题的功能在于引起用户的注意，而想要实现这一步，屡试不爽的方法便是使用看似矛盾、不合常理的说法。

例如“夏天不需要开空调，您家的气温仍然不会超过三十度”“吃得越多，瘦得越快，最短只需一个月”“花费 100 元，购买 1000 元的商品”等，如果用户看到这些标题，是否会继续浏览下去？答案自然是肯定的。这些看似不合逻辑的话语往往更能吸引用户的注意，因为相较于传统的逻辑“因为……所以……”“虽然……但是……”这种叛逆的反向思维总能够凭借新奇“杀出重围”。

日本五十铃汽车公司推出了一条轰动美国的宣传片，由大卫·里特饰演“五十铃约瑟”，片中共五个镜头，每个镜头的字幕中都有一个醒目的广告标题。

第一个镜头里约瑟说：“五十铃房车被评为汽车大王。”然后屏幕上方便出现了一行醒目的大字“他在说谎！”

第二个镜头里约瑟说：“五十铃房车最高速度突破每小时

300 英里。”字幕上方又出现了相同的一行大字“他在说谎！”

第三个镜头里约瑟说：“五十铃房车只需 9 美元，低价甩卖。”屏幕里相同的大字依旧挂在上方“他在说谎！”

第四个镜头里约瑟说：“明天你来看五十铃房车，就可以获赠一栋房子。”屏幕里再次显现相同的大字“他在说谎！”

最后一个镜头里约瑟说：“我从来不会说谎。”屏幕里仍然没有消失大字“他在说谎！”

这部宣传片运用五个自相矛盾的数字式标题，在当时引起了美国人民的强烈反响，因为其自嘲式的风格，颇受好评。同时，借由这种自嘲，增强了各项数字带来的信息冲击力，也因此得到了《广告时代》周刊的赞赏。从此五十铃汽车一炮而红，迅速打开市场，此后这条文案更是被评为 20 世纪美国经典文案之一。

五十铃汽车文案的成功，可以归因于两个方面。

1. 强烈的信息刺激

在五十铃汽车的广告中，多次出现数据上的对比，例如，“五十铃房车只需 9 美元”“五十铃房车最高速度突破每小时 300 英里”，等等，这些数据的对比渲染了五十铃汽车具有夸张式的性能，带给人们强烈的信息刺激，让人们产生不敢相信的感觉。

这种感觉颠覆了当时人们对于汽车的一贯认识，要知道在 20

世纪哪有汽车只卖 9 美元的，更不要提速度突破每小时 300 英里，这些说法在当时根本就是无稽之谈。但也正是这些荒谬的说法，引起了用户们的好奇心，让他们耐着性子看下去，看看五十铃汽车到底打的什么主意，于是五十铃汽车获得了众多用户的关注。

2. 情节反转

五十铃汽车广告的五个情节结尾都以一句“他在说谎！”进行了自嘲，借由前面夸张数据信息带来的疑惑感，让这种自嘲变得具有善意。对于用户而言，在大多数情况下，他们都明白广告文案具有一定的欺骗特性，所以在观看广告的时候，都带着一种戒备的心理，他们并不会完全相信广告的内容。

然而五十铃汽车反其道而行之，将自家产品的优点全部用夸张的数据表达之后，先是给予用户一种强烈的信息冲击感，再予以否定，将幽默融于文案之中，既迎合了当时人们普遍排斥广告的夸张式宣传的需求，又以真诚赢得了广大用户的信赖。

4.3 故事式：切中主题，传达人情味

一个好的故事比一篇乏味的产品介绍更能吸引人眼球。因为人都是有情感的，并不是冷冰冰的机器人，人们在选择购买某件产品时，或多或少都会掺杂一些个人的情感因素，所以标题可以通过叙述故事的模式，切入文案的主题，传达人情味。

一个小小的遥控器电池，虽然被千家万户使用，但是它的存在感十分薄弱，可以说，人们只有到了电池电量耗尽的那一刻，才会想起还有这样一件东西的存在。不过如果能够挖掘出电池的亮点，并给电池附上一些小故事，就能实现华丽的逆转，让电池不再被忽视。

2015 年 10 月 29 日上午 10 点，小米正式发布"彩虹五号"电池，其亮点是电池外观颜色绚丽多彩，用户可以通过颜色区分电池的新旧，设计十分贴心，同时采用了二次填充技术，保证了电量的持久性。此外，在结构方面，采用了全钢制预镀镍外壳，电池的抗压性能强悍。

配合以上特点，小米彩虹电池以"人人都舍不得用，用了又

舍不得扔”的故事式标题作为宣传突破口，一时间掀起了彩虹电池的狂热。

当然，电池界的标杆企业南孚也不甘落后，不仅推出炫彩电池，还为不同色彩的电池配上了不同的故事标题。下面让我们来欣赏一些南孚电池的文案。

紫色：遥控器里的南孚还没换。我却换了三个陪我看电视的人。

青色：什么时候攒够钱娶我？很快，一节南孚电池的时间。

粉色：去年的游泳圈今年的马甲线，体重秤里的南孚，却一直没变。

橙色：一节南孚，把半个早教班的熊孩子，都玩趴下了。

蓝色：LOL，从菜鸟练到大师，一节南孚的距离。

这些电池文案表达的情感总是能够勾起用户内心深处的回忆，让人们生出一种“好怀念”的感觉。通常当我们“他乡遇故知”的时候，我们的第一选择是与故知喝酒聊天，此时的我们是情感波动最为强烈的时候，也是最容易冲动消费的时候，相信很多人在此时都可能会抢着买单，或者抢着请客，等等。同理，当南孚电池勾起用户心底的情感以后，用户大多数都会受情感因素的影响，而购买南孚电池，并且这种冲动消费都是自愿的。

但是如何才能写出一个具有人情味的故事性标题呢？下面我们将通过两则文案的改进过程为大家进行解析。

第一个是关于房地产公司的文案。

假设你是一个房地产公司的广告文案创作者，目标用户是都市白领，你需要做的就是刺激他们购买住房。

当你接到这个文案需求，并略加思索后，觉得应该要突出房子价格低廉、户型合理的特点，于是你大笔一挥，写下了“精致户型，精致人生”的广告文案，你的本意是强调房子可以不用购买大的，而是买一个合适的户型，然后用省下来的钱让自己过得更精致。

但你并不急着提交给老板，你需要做的是从用户的角度出发，重新审核一遍文案，这个时候你就会发现好像有点不对劲儿。

“不对啊，好像我说的用户看不懂，精致人生完全体现不了这些情况。”

于是你对文案进行修改，将其改成大白话，人人都能看得懂，并且在其中加入了一定情感因素，将其包装成一个小故事。

“房子有了爱和你，就成了家。”

但你自己思索以后发觉还是有点不太对劲儿，好像这和用户为什么需要买房没有一点关系！于是你继续修改，最终你得到了这样的广告文案：

别让这个城市留下你的青春，却留不住你。

至此一个具有故事性的广告文案诞生了，它既具有刺激都市白领购买房子的功能，又带有强烈的倾诉情感，传达了一种关心都市白领的人情味，让每一个来这里买房的都市白领都能产生情感上的共鸣。

第二个是关于耳机的文案。

假设你是一个为某公司撰写耳机文案的创作者，你的目标就是让年青一代使用你的耳机。

你想了想，作为爱听音乐的年青一代，应该比较喜欢文艺类的广告。

前所未有的听觉震撼，

唤醒你的耳朵，

这是属于你的音乐现场。

写完这个文案以后，别着急，请继续站在用户的角度思考一下，这个文案到底算不算成功？接着你就发现，这个文案真的只能算是一般，因为没有击中用户的情感点，只能算是“无病呻吟”。

你静下心来，从用户的需求出发，继续改进文案。市场上的好耳机如此之多，用户为什么选择它呢？因为佩戴舒服，因为音效完美，因为它有趣，等等。在总结了一大堆理由以后，你需要的就是将它们用文字表达出来。这个时候你不妨换个角度思考，以“曲线救国”的方式，看看能不能让耳机与用户形成一个小故事，营造一种互动式的交流，所以，最终的文案是这样的：

猜猜看，耳机线在哪里？

好了，到了这里，又一个故事式的文案诞生了，这个文案使得耳机与用户产生了一种互动式的交流，这种交流间接增强了耳机与用户的联系。

从以上两则广告文案的诞生过程和彩色电池的广告文案中，我们可以看出故事式广告文案有三种类型，如图 4-2 所示。

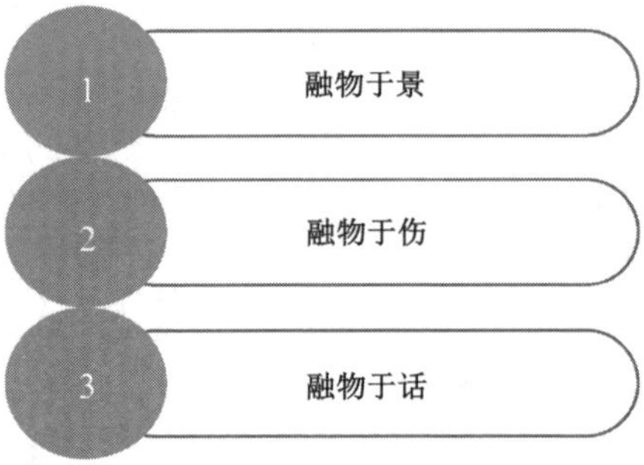

图 4-2　故事式广告文案的三种类型

1. 融物于景

南孚电池的广告文案属于第一种。将产品融入现实生活的某个场景之中，这个场景可以是生活中的方方面面，可以是结婚，可以是游泳，可以是游戏，甚至可以是看电视的过程，等等。用户在看到这些与场景有关的文案后，脑海中就会联想到相同的场景，并把自己代入到场景之中，进而对产品生出一种熟悉的感觉，消除了与产品之间的陌生感。

2. 融物于伤

房地产的广告文案属于这一种。将一种感伤的情感注入产品中，引起用户的共鸣。这种感伤的情感并不是某个人或者某群人独有的，而是这个时代共有的情感。当我们回到故乡，看到熟悉的街道一一变化，我们会生出追忆往昔的情感；当我们漂泊在大城市之中，孤苦无依地奋斗，我们只能够独自承受孤独和冷清；当我们年龄不断增长，我们会生出岁月不饶人的悲伤。所以，此类广告文案最容易击中用户的内心，也最能够传达人情味。

3. 融物于话

对话是人类交流最基本、最古老的方式之一，它承载着人类文明的变迁与发展，这种方式在我们生活中必不可少，因此产品与用户的对话必然会成为未来产品文案的主流。

而耳机的文案就是属于这一种。将产品融入对话之中，以产品与用户互动交流的模式引发用户对产品的关注。当一个“死”的物品，变成一个“活”的物品，并且能够以“活”的姿态与用户交流的时候，用户必然会第一时间关注该产品，对它的印象也会不自觉地加深。

4.4 趣味式：语言幽默，有趣又有料

文案的标题就像是商品的标签，要让受众看到文案的瞬间就能知道文案推销的产品名称、服务或者要达成的目的。它是用来向产品的潜在用户打招呼的工具之一，如果想让受众接受文案的表达，那么就需要在文案的趣味性上多下功夫。

众所周知，中国外卖市场中的拉锯战从未停歇。在外卖 O2O 模式的推动下，一个个外卖平台不断涌现，其中饿了么、美团外卖和百度外卖是这个行业的三巨头，外卖市场中的拉锯战也主要围绕这三家平台展开。而这三家平台都不是省油的灯，几轮烧钱大战不但没有击垮任何一家平台，反而使他们越战越勇。为了寻求新的制胜之道，这三家平台开始在文案标题的策划上大做文章。

在大学考试临近，学生们都忙着复习备考的时候，饿了么策划了一款名为“高效补脑，吃饱再考”的宣传海报。很多学生为了取得一个理想的成绩，考前都在废寝忘食地复习。在这种情况下，去食堂吃饭似乎成为了一件奢侈的事情，但是，不吃饭又会影响复习效率。该怎么办呢？“要是能有人送饭上门该多好!”这

是此时此刻的备考学生们的共同心声。

而饿了么用“高效补脑，吃饱再考”作为宣传文案的标题，既对准了目标用户——备考的学生们，又通过其文案标题的趣味性，让广大备考的学生们在欢快一笑中缓解了紧张的学习压力。

虽然这则文案不含任何文艺词语，也没有任何巧妙的隐喻，甚至于还有点“粗犷”，但也就是这种“粗犷”迎合了学生们的口味，对于广大备考的学生来说，趣味并不一定非要高雅，也不需多有深度，它只需要让自己得到快乐，舒缓紧绷的神经即可。

实际上，饿了么的广告文案以这样一种亲切的口吻叙述广告词，而且朗朗上口，通俗易懂，这种情况下产生的趣味就好比是两个朋友之间互相开开玩笑，或是两个恋人之间的亲密窃笑，虽然其他人可能看不懂，但在当事人看来，却是十分有趣且有“料”，这是一种属于大俗而雅的趣味。

饿了么的广告文案并没有一味追求创新，一味追求富有韵味的华丽词语，而是将目光着眼于备考学生的痛点上。从通俗易懂、朗朗上口这些特点着手，将文案标题设计得如同儿歌一般人人都能背诵，于是成就了另类的趣味性。

4.5 疑问式：直接发问，亲近感十足

疑问式的文案标题是指为了引发用户的好奇心，文案创作者在文案标题的设计过程中以疑问或反问的方式，直接提出一个问题，引起人们对话题的关注。这种方式能有效拉近与用户的距离，营造出一种亲近感。例如，“小米手机为什么销量如此之好？”“华为能否成为类似于苹果那样的公司？”“人类真的可以长生不老吗？”“是什么使她永葆青春？”等。通过这种设问的方式，引起人们对话题的关注。

这种情况下的思维模式应该以引发用户的共鸣为主，通过挖掘用户的需求，提出相应的疑问，使得用户对文案产生一种情感上的共鸣。而想要做到这一点就需要完成两个前提，如图 4-3 所示。

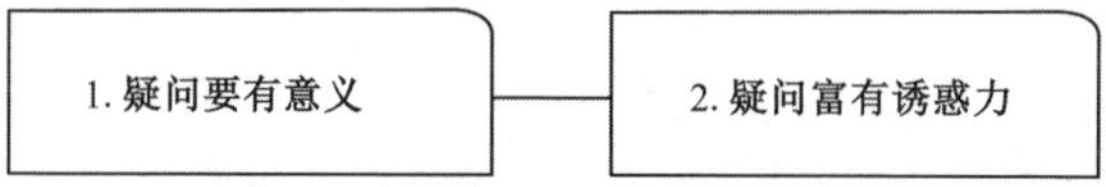

图 4-3　文案产生情感共鸣的两个前提

第一，疑问要有意义。疑问式文案标题在策划的过程中可能由于过于追求满足用户的需求而提出一些“高而空”“简而小”的问题，使得疑问看上去并没有什么实际的意义，无法帮助用户解决实际的需求，于是也就难以引起用户的注意。

例如，“癌症明天能够治好？”“饭前多洗手有什么好处？”这些疑问对于用户没有什么实际的帮助，反而只会让用户看完文案内容之后，产生一种“我被骗了”“这说的到底是什么”“我怎么没看懂”的感觉。此时在用户的内心里对于该文案的内容是抗拒的，对于文案中的产品更是产生了一种不信任的感觉，甚至有些用户将该产品拉入了“黑名单”，永不使用。

第二，疑问富有诱惑力。虽然疑问式文案要力求具有实际意义，符合常识，但仍然需要讲究一定的技巧以对其进行包装，使其达到更有效的推广作用。

例如，一篇文案的标题“还没开始使用手工皂？你太 OUT 了”，以反问的形式，借助新潮词 OUT（过时），迎合时尚人群，锁定潜在用户，使其获得了广泛的转载。类似的还有为红酒撰写的文案标题“这十年里发生了什么？”、为不锈钢厨具撰写的文案标题“是什么让厨具走向了不归路？”、为教育培训机构撰写的文案标题“为何这里的学生个个都是人才？”等。

在完成了两个前提之后，疑问式标题才算入了门，但如果想要达到更为高深的地步，也就是所谓的“步入化境”，还需要结合品牌与内容设计标题。

苹果音乐在美国发行之初，宣布上线前三个月免费试听，但试听结束后，大多数用户选择了取消订阅。苹果内部的目标是，最终选择付费订阅的用户能够达到 350 万人。

与此同时，苹果音乐宣布进军中国地区，政策相同，一开始也是免费试听，然后等到试听结束后，变成付费收听模式。虽然音乐的资源都是十分具有诚意的，但是中国消费者根深蒂固的免费观念还是导致苹果音乐订阅量迟迟无法上升。

在这种情况下，苹果音乐的宣传文案中有一篇《有料任性，苹果何曾有过免费的午餐？》引起了广泛关注。该文案说明在蒂姆·库克接管苹果公司后，苹果公司从来没有提供过免费的服务，同时也不会考虑降低新品 iPhone 的价格。虽然有许多业内专家提出苹果的“不提供免费服务”将来会成为其致命的缺陷，但到目前为止，苹果公司依然是全球市值最高的互联网公司。

此外，文案内还列举出苹果的伟大开创者史蒂夫·乔布斯在执掌苹果时期的相关决策。乔布斯从来不会一味迎合用户，而是专注于打造优质的产品和服务，以创新的企业文化不断吸引粉丝跟随苹果的脚步。换句话说，苹果只是在世界上寻找能够认同自己的用户，或者让人们认同它的产品，这样的品牌风格也正是无数“果粉”诞生的源头。

所以接下来，苹果音乐仍然不打算开放免费模式，因为苹果公司的硬件创新能力足以支撑起这样的服务。此前苹果公司培养了用户“花费 650 美元购买手机”的消费习惯，如今，苹果手机打算用同样的方式吸引并容纳新的用户，促使他们培养新的消费习惯。

在中国市场，音乐付费的模式还并不普遍，许多用户还在使用免费试听的应用程序。这无疑给了苹果一个大好机会，趁着国内企业迎合用户需求，看重短期效益的市场状况，苹果公司将利用强大的企业文化和硬件设施，以长期投资作为目标，最终实现苹果音乐付费订阅的普及。毕竟，在 iPhone 之前没有哪一家公司敢花费一年的时间开发一款手机，而结果证明，好的东西永远都不怕晚。

疑问式的文案标题往往都是直接发问，就像是朋友见面之间打招呼的方式，“吃饭了吗？”“你干吗去了？”“你要不要来我这吃饭？”等，这种方式不仅能够有效拉近彼此的距离，让人感觉亲近感十足，也更能吸引用户的目光。

第 5 章

分解思维：分解产品属性，给用户直观感受

在撰写文案之前需要对产品的属性进行分解，这样撰写的文案才能更有针对性，才能带给用户更全面、更直观的感受。那么，在创作文案期间，如何才能利用分解思维对产品属性进行细致化分解，突出产品的极致优点？

本章介绍了分解思维中需要注意的四点要求：改善认知模式、增加信任度、突出产品的极致设计、帮助客户了解产品属性。通过本章的学习，读者能够深刻理解如何运用分解思维让用户认可文案。

5.1 打破用户对大品牌的依赖，改善认知模式

在绝大部分的时候，用户都处于一种“低认知模式”。用户们“懒于”了解更多关于产品的信息，他们挑选产品时大多数是凭借第一印象，或者通过简单的判断就选择出他们认为合适的产品。例如，买电脑的时候，面对大量电脑产品，大多数用户的第一反应就是：“我有没有熟悉的朋友懂电脑，他能不能帮我挑一个电脑？”而如果没有这方面的朋友，用户所做的就是学习一些简单的电脑参数常识，然后凭借这些常识结合平常接触到的大品牌电脑广告，最后选择出一个较为合适的电脑产品。

在这个过程中，用户既不会详细了解电脑的具体性能和参数，也不会花费精力去学习这些内容，他们所需求的永远简单的购买体验，因此大品牌产品无疑成为首选。因为在他们的潜意识中：这个是大品牌，大品牌品质有保障，我就买这个！于是用户就进入了一种“低认知模式”。

为何说这是一种“低认知模式”呢？原因很简单，用户的选择都是一种“看上去正确的选择”。但是实际上并不一定符合他

的需求。例如我们先前提到的买电脑，假设一个大学生需要的是电脑能够完美运行各种高质量游戏，也就是通常所说的玩游戏不卡顿，但如果要购买像外星人这样的国际知名电脑产品，通常需要花费万元甚至数万元。

然而，外星人是一个注重电脑服务的公司，它的硬件配置相较于其他同等价格的电脑来说，并不算出色。如果该学生深入了解电脑知识以后，完全可以少花费数千元而购买到相同配置的产品，或者花费相同的价格购买到性能更加优越的产品，这些产品往往更能够满足他的需求。

所以，要想打破用户对于大品牌的依赖，就必须建立起用户对产品的“高认知模式”。那么该如何帮助用户建立“高认知模式”呢？首先让我们看两个经典的案例。

1. 小米手机——为发烧而生

起初，小米手机只是一个不出名的小企业，和那些已经蜚声国际的知名手机厂商相比更是相差甚远，所以小米手机一直避免谈论品牌价值和使用体验，因为小米很清楚，自己的产品与苹果、三星等一流手机相比，用户体验是有较大差距的。不过，如果只谈硬件参数，将所有的性能参数列举出来，小米手机却不逊色。

瞄准了战略方向以后，小米手机开始在一次次的宣传会上列举它的性能参数，并引入“为发烧而生”这个文案，意在吸引喜爱品牌的核心用户，也就是所谓的“发烧友”。

“发烧友”在追求更好的体验的过程中，通常希望以尽可能低的成本获得尽可能高的品质。因此，这群人都追求极致的性能，与小米手机的硬件参数性能好、性价比高的宣传点不谋而合。同时“发烧友”乐于分享自己手机的参数配置，并愿意为其他购买手机的用户提供参考意见，这样就进一步促进了小米手机的传播，并且这种传播还是一种良性的口碑传播。

为了满足这群“发烧友”的要求，小米手机的配置也并不含糊，下面以小米 2 配置为例，横向对比当时的其他手机品牌。

首先，对于 Android（安卓）系统来说，体验流畅度的第一个关键是 RAM（内存），而小米 2 配置了 2GB 的 RAM，这在当时的 Android 手机中处于中上水平。其次，小米手机的 CPU（中央处理器）和 GPU（图形处理器）在同时期的类似机型中至少处于中游偏上的水平，摄像的功能也属于当时国内手机的中等水准。这些性能上的出色体现，掩盖了初期小米手机外形上的缺陷及一些细微功能设计不科学的劣势。

虽然到现在为止，小米手机的使用体验仍然比不上苹果这种知名厂商的产品，但至少性能参数上没有太多劣势，甚至某些方面还略微占有优势，于是用户就进入了小米所营造的“高认知模式”，一种以参数数据为主要购买依据的模式。

这种模式下的用户，以小米手机的性能为第一参考要务，如果是性能比小米手机差的手机，他们基本不会去关注，如果性能比小米手机好，他们就会去观察它的价格。而在性价比方面，小米手机恰恰正是国产手机中的佼佼者，性能比小米手机好的价格没有小米手机低，价格比小米低的性能没有小米手机好，于是小米手机就变成了一种“另类”的第一。

小米借助差异化的描述和定位，成功让用户在购买完小米 2 后，还想购买小米 3，购买完小米 3 后继续购买小米 4……从而打开了市场，完成了逆袭。

2. iPhone=iPod+电话+上网设备

2007 年，手机产业的老大还是诺基亚，但正是这一年，未来手机产业的巨头苹果公司发布了第一款 iPhone，在发布会上，史蒂夫·乔布斯这样介绍：

> 在 1984 年，Mac 的发布，改变了计算机行业；2001 年，第一代 iPod 的问世，改变了人们听音乐的方式，同时改变了整个音乐行业。
>
> 今天，苹果公司又将为大家带来一款足以改变某个行业的产品，在介绍这款产品前，首先允许我介绍三款产品，一款是触屏式 iPod，一款是革命性的手机，最后一款是划时代的互联网浏览器。你们想同时拥有这三款产品吗？那么恭喜你，今天，你只要拥有一台 iPhone，你就可以拥有这三款产品，拥有一台足以彻底改变手机产业的手机！

iPhone=iPod+电话+上网设备，这个认知模式从此被无数的“果粉”所认可。同时，在这个发布会上诞生的还有 iPhone 那打破常规的创新意识。

它打破了以往手机产品采用数字键盘或字母键盘的认知模式，乔布斯使用手指操控手机，且自由放大和缩小屏幕的操作方法更是让用户感受到了科技的神奇。要知道在当时即便是触屏手机，也只能借助触屏笔这样的工具才能实现。而放大和缩小功能，更是需要单独的按键才能实现。至此，乔布斯的苹果时代宣告来临。

从小米手机与苹果手机的案例中我们可以看出，文案应该从三个方面着手，提高用户的认知模式，如图 5-1 所示。

图 5-1　提高用户的认知模式的三个方面

1. 树立核心卖点

许多的文案创作者为了体现自家产品的优点，列举出产品的大量卖点大写特写，但是他们都忽略了一个要点，就是该文案没有核心卖点。因此文案创作者需要从众多的产品特点中提炼出一到两个核心卖点，并对其不断强化，才能有效提高用户的认知。

例如，一款婴儿推车的设计文案是："可以装进旅行箱的婴儿推车。"从这个文案中，用户了解到了什么呢？这款婴儿车应该便于携带，即便是带着孩子去旅行，也是十分方便的。这则文案带给用户一种轻盈时尚的认知理念，更有助于用户记住产品的特征。

2. 扬长避短

一个产品不可能完美无缺，也不可能一无是处。因此，文案创作者需要做的就是发扬产品中的优点，避免产品中的缺点。例如，小米手机虽然在用户体验方面比不上苹果手机，性能上也没有太多优势，但是小米从性能参数方面不断宣传，提高受众群体对手机性能参数的认知，从手机大品牌的夹缝中开辟出了一条新的性价比认知道路。

3. 全新概念

如果说小米手机是利用自身的优点，并借助这个优点不断扩大用户的认知，最终实现了弯道超车，那么苹果手机就是将一种超越时代的认知模式赋予了用户。

人们总是对新的概念保持着浓厚的兴趣，对于新兴的事物也都乐于尝试和体验，苹果公司正是抓住这一特性，在智能手机尚未普及的年代，推出了一种全新概念的手机，改变了人们以往对于手机的认知模式。

5.2 让用户认可产品，增加信任度

信任是连接用户与企业的桥梁，也就是说，用户只有信任企业，才会认可企业的产品。而想要做到这一步，文案创作者可以尝试在文案中加入图 5-2 所示的三个核心要点。

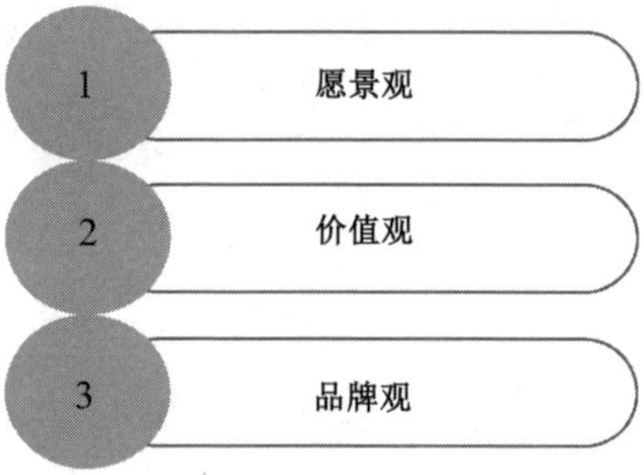

图 5-2　增加信任度的三个核心要点

1. 愿景观

文案可以传递一个美好的愿景，从一个大的格局出发，创造出一个共同目标，即企业所做的一切都是为了给用户带去更美好的服务和优质的产品，让用户产生一种与企业共同前进的感觉。

阿里巴巴传递的愿景是“让天下没有难做的生意”，这一句话让中小企业感受到了阿里巴巴愿意承担的重任，阿里巴巴愿意且能够为中小企业提供他们最需要的帮助。这一愿景结合另一个愿景“成为全球第五大经济体”，更加深了人们眼中阿里巴巴的使命感和责任感，让用户被其中蕴含的伟大目标所感化，并最终认可该公司。

腾讯公司传递的愿景是“成为最受尊敬的互联网企业”；小米的愿景是“让每一个人都能享受到科技带给他们的乐趣”；史蒂夫·乔布斯执掌苹果时所传递的愿景是“这是一家位于科技与人性的交融之地，将复杂技术变得简单的公司”。

这些愿景其实很大程度上代表着这些公司背负的长远使命。但这些愿景的“诞生”却并不是一帆风顺的，它需要文案创作者对企业的远期目标有着深刻的理解，并考虑该如何向用户传递这样的目标，最终在不断的删减和抉择中，设计出一句简单明了且能够让用户牢记于心的话语。

在完成文案愿景的过程中，文案创作者通常需要进行以下三个步骤。

第一，词语获取。愿景的表述通常是简洁明了的一句话，一般最长也不过二三十个字，如果将这二三十个字拆分开来，就可以变成几个简短的词语，例如，“让天下没有难做的生意”拆分之后就是：天下、没有、难做、生意。

所以在设计品牌愿景时，文案创作者可以提前挑选 10～20 个核心词语，经过多次组合后形成初步的文案。

第二，愿景延伸。在完成词语获取以后，文案创作者完成了初步的文案，但如何将一个简单的基础转化为一个“牢固的地基”呢？这就需要愿景的延伸了。

企业的发展是一个不断壮大的过程，在这个过程中常常会因为企业的不断壮大而导致其愿景难以承载企业新的形态，因此，愿景必须要有一定的延展性，能够保证在企业壮大之后，仍然能体现企业的核心目标。

所以文案创作者需要在核心词语里面找出能延展企业目标的词语，将代表着远大未来的词语挑选出来，例如，“最”“世界”“没有”“每一个”“享受”等，以此完成文案的大体构造。

第三，品牌定位。当文案创作者完成以上两步之后，需要做的就是根据品牌定位进行文案的微调。

一个互联网公司的愿景，自然只能与互联网相关，并且它的愿景只能是关于如何更好地服务于该企业的目标受众。例如，小米的愿景是“让每一个人都能享受到科技带给他们的乐趣”。这种愿景就代表着小米作为科技公司的理想是为了让用户获得更好的体验，它能够带给用户一种“我一切都是为了你着想”的感觉，最终让用户认同企业的产品。

2. 价值观

一个文案展示完其愿景观以后，还需要展示价值观，即告知大众企业的产品或服务存在的意义是什么，能解决什么问题。下面我们将通过一则西九华山的宣传文案为大家进行解析。

寻找属于我的世外桃源，

徘徊在城市路口，

你听到的焦躁鸣笛，

在我耳中却如海浪敲击银白色沙滩般曼妙的交响曲；

你看到的匆匆人群，

在我眼中却如阳光下灿烂生辉的沙砾。

当浮躁与压力缠绕着你的灵魂，

你，此时此刻的你，需要另外一个世界，

在喧嚣的城市里，

邂逅你的世外桃源。

该文案的内容虽然通篇都没有介绍西九华山，但是将西九华山的美好环境体现得淋漓尽致。它能够使处于都市生活压力之下的人们得到心灵上的解放，让他们远离尘世的喧嚣与嘈杂，一处仿佛能够治愈心灵的“世外桃源”跃然纸上。

说完了文案需要拥有一种代表着企业的价值观，那么文案创作者到底该如何赋予文案一种有价值的理念和文化内涵呢？要解决这个问题，文案创作者需要从三个方面入手。

第一，诉求。任何产品或服务的诉求其实都反映了用户的分布及特征。不同的用户有不同的需求，产品或服务不可能满足所有用户的需求，因此，文案也不可能满足所有用户的需求。但是如果一个文案能够满足绝大部分人的需求，那么自然就能大受欢迎。

这就要求文案创作者舍弃一部分的用户，转而满足大部分的用户。例如，房地产的文案广告，通常都是针对某个目标用户群，针对都市白领的房地产广告一般都打着“精致”的旗号，针对老年人的房地产广告都是打着“舒适”的旗号，针对孩子的房地产广告都是打着“一切为了孩子的将来”的旗号，等等。

第二，站在用户的角度。站在用户的角度去设计文案一直是传递价值观的重要法宝。例如，此前钢琴广告文案是“学钢琴的孩子不会变坏”，这就是典型的以用户为出发点，体现一切都是为了用户的价值观。

第三，商业考虑。企业文案的最终目的是盈利，这一点游戏玩家可能更熟悉，一般市场上大热的游戏都有在线充值的功能，而且隔三岔五就会有一次促销活动。在促销活动中游戏公司通常都会宣告这是“大折扣、买了就是大赚、购买道具能使你变得更强”等，然而这些文案的口号都是以企业能够盈利为出发点。

所以文案创作者在制定文案的过程中，既要保证企业的利益，又要满足用户需求，并且还要考虑是否能让用户获得最大利益。这样的文案才算是最佳文案，才有利于企业品牌的塑造，传递具有特色的合理价值观。

3. 品牌观

对于一个企业来说，想要有长远的发展，必然需要有一个独属于自己品牌的文化特征，而想要让企业形成这个独特的品牌文化，除了离不开企业自身的品牌因素，还需要在文案中传递企业的品牌观。

你只闻到我的香水，却没看到我的汗水；

你有你的规则，我有我的选择；

你否定我的现在，我决定我的未来；

你嘲笑我一无所有不配去爱，我可怜你总是等待；

你可以轻视我们的年轻，我们会证明这是谁的时代。

梦想，是注定孤独的旅行，

路上少不了质疑和嘲笑，但，那又怎样？

哪怕遍体鳞伤，也要活得漂亮。我是陈欧，我为自己代言。

上面是聚美优品的广告文案，文案中陈欧所陈述的所有话语都是为了凸显聚美优品的品牌自信，营造出一种可信赖的感觉，让用户认同聚美优品的品牌观。

5.3 分解内容要突出产品的极致设计

虽然先前提到过苹果手机 iPhone 的发布会，但这里我们还是要再次提及。不过不同的是，之前提到的是 2007 年的第一场 iPhone 发布会，这一次我们要提到的是苹果手机的十周年纪念产品 iPhone X 发布会。

为什么还要介绍苹果公司的发布会呢？答案很简单：为了对应本节所讲的内容。在分解思维中，分解内容需要的是突出产品的极致设计，既然是突出产品的极致设计，当然还是需要介绍全球最具创新力的公司——苹果公司旗下的产品。那么苹果公司十周年纪念产品 iPhone X 的发布会，到底是如何突出产品的极致设计的呢？下面将为大家揭晓其中的秘密。

1. 全面屏设计

这是苹果公司史上最大的技术突破，在发布会上，库克公布 iPhone X 采用了全新的全面屏设计，而这也是苹果手机首次采用 OLED 屏幕。除了屏幕上方的传感器区域，其余部分都是屏幕，极大地提升了屏幕占比。同时，显示屏的四角全都进行了圆弧处理，使得屏幕与机身更加贴合，看上去更为舒服。

2. 1125×2436 像素

iPhone X 的最高分辨率突破了 1125×2436 像素，相比 5.5 英寸 iPhone 8 Plus 的 1920×1080 像素，其分辨率提升了 54%，相比 iPhone 8 的 1334×750 像素，其分辨率提升了 170%。而一般的家用电脑分辨率也只有 1920×1080 像素，也就是说，iPhone X 的分辨率比许多电脑还略胜一筹。

3. 尺寸的合理设计

自从 iPhone 发布了 4.7 英寸和 5.5 英寸两个手机尺寸以后，关于哪个尺寸更为出色的争论从来就没有停止过，实际上是因为这两个尺寸都没有达到最完美的地步，而 5.8 英寸的 iPhone X 就完美终止了这种讨论，无论你是相信“单手操作最为舒服”，还是认为“大屏手机看着爽”，iPhone X 都能完全满足你的需求。

iPhone X 虽然表面尺寸达 5.8 英寸，但机身的宽度尺寸却是介于 4.7～5.5 英寸，这又是为何呢？原来屏幕的尺寸计算是利用对角线的距离，而 iPhone X 正是选择了提升机身的长度，缩短机身的宽度，实现对角线距离的相对增加，由此实现了单手操作的完美比例。对于许多曾经使用过 iPhone 6 Plus 和 iPhone 7 的用户来说，iPhone X 的屏幕尺寸虽然更大，但仍然可以用一只手掌握，不会造成操作上的不便。

4. 机身更为厚重

发布会上公布的 iPhone X 采用了金属中框，机身厚度达 7.7mm，相比于 iPhone 8 Plus 厚了 2mm，相较于 iPhone 8 厚了 4mm，虽然这一点可能会被许多人诟病，但金属中框与后盖的紧密结合度是其他 iPhone 系列手机无法拥有的。

5. 没有 Home 键

虽然苹果公司一再宣称不会取消 Home 键，但到了 iPhone X，苹果公司终于还是取消了曾经引以为傲的 Home 键，取而代之的是一个虚拟的 Home 键。虚拟 Home 键位于屏幕的底部，这是一个非常人性化的设计，它照顾到许多习惯使用 Home 键的 iPhone 用户，让他们能够继续保留这个习惯。Home 键的取消更体现出了苹果公司注重创新的理念。

6. 比例关系

iPhone X 舍弃了以往的 16:9 的长宽比，而采用更符合人们观看视频习惯的 19:9 的比例，因为人们观看视频的时候，通常都是从左到右扫视，而 19:9 的比例能够让人获得更加宽广的可视面积，让人们在观看视频的时候，生出一种可视内容突然增多的感觉。

7. 识别能力

乍一看，发布会上公布的 iPhone X 面容识别功能好像没有什么出色的地方，国内许多的手机厂商都采用了面容识别，例如，华为的荣耀 V10、一加科技的 5T、OPPO 的 R11s，等等。但实际上，这些手机品牌的安全性能并不是很完善，而且识别精度也不如 iPhone X。

iPhone X 采用的是三维人脸识别技术，防止了视频、照片等二维被破解的可能，由于其拥有点阵投影器、泛光照明灯的功能，对肤色和其他人脸特征有较好的区分，而且 iPhone X 采用结构光的方法，可以使它的人脸识别精度达 0.1 毫米级。

iPhone X 整个识别的过程是这样的：点阵投射器将 30000 多个人眼不能看见的光点投射到用户的脸部，描绘出用户的脸部模型。之后，红外镜头读取这个脸部模型，捕捉它的红外图像，再将数据发送到 A11 芯片，确认是否匹配。而在夜间的识别，则是泛光、感光元件通过不可见的红外光线进行识别，这一切的过程都是在瞬间完成的。

目前，世界上能够将光结构从发射到接受整个模块做到像 iPhone X 一样的公司，基本上还没有出现。

8. 面容 ID

与面部识别一同出现的是面部 ID 功能，苹果公司这次舍弃了此前沿用了十年之久的 Touch ID——指纹识别功能。在发布会上，虽然克雷格·费德里吉在演示面容识别的过程中出现意外，有些尴尬地失败了。但事后，据苹果公司官方公布的误锁概率，Touch ID 大约为五万分之一，面容 ID 仅有百万分之一，两者之间存在天壤之别。

而且根据许多购买 iPhone X 的用户反馈：注册一个面容 ID 仅仅需要 5 秒，而注册一个 Touch ID 最起码需要 15 秒，甚至许多用户可能需要 1～2 分钟之久。

9. 快速充电与无线充电

iPhone X 依旧拥有此前 iPhone 8 的无线充电功能。无线充电器的功率只有 7.5W，一般来说，这样的充电器要充满 iPhone X 的电量大概需要 3 小时。

不过，无线充电并不是给用户救急时使用的，它属于一种"润物无声"的充电模式。例如，当你需要一边用手机查看某些信息，一边又想让手机保持电量充足时，你就可以使用无线充电。当然，如果手机电量处于低电量的边缘，而你又想要快速充满 iPhone X，这个时候就需要选择快速充电模式。

在发布会上，苹果公司还公布了 iPhone X 的快充配置：一个 29W 充电器和 USB-C 转 Lightning 充电线。按照此前 7.5W 的充电器推算，iPhone X 使用该快充设备，不到一个小时就能充满电，但这只是一个数据上的估计，在实际的充电过程中，为了保护电池和充电模组，在手机电量达到 80%的时候，充电就会变为"涓涓细流"模式，所以实际上使用快充设备，大概在一个半小时以内可以完成手机的充电。

10. 仿生芯片 A11

在发布会上，iPhone X 的处理芯片自然少不了被提及。根据发布会上公布的数据，A11 芯片运算速度达每秒 6000 亿次。同时，这是一款能“自主学习”的芯片，它具有一个神经网络引擎，能够主动学习。具体来说，当你的面容一点点改变时，通过 A11 的功能，iPhone X 会不断记录你的面容变化，并保存下来。

在这场 iPhone X 的发布会上，苹果公司完成了“革命性的改变”，苹果公司借助它向无数的“果粉”传达了一个理念：未来的智能手机发展方向依然处于苹果公司的领导之下，而且就是自 iPhone X 发布以后开始的。这样的产品怎能不赢得广大“果粉”的心？

细数苹果 iPhone X 发布会上发布的十大功能，无一不彰显了 iPhone X 的极致设计，体现了苹果公司旨在为用户提供更美好的服务的理念。虽然这十大功能中有许多功能都不是苹果公司第一个采用的，但不可否认的是，没有哪一家公司能够提供像苹果公司一样全面的极致体验。

5.4 帮助用户了解产品属性，使其直接购买

凡客 2011 年市值大约为 150 亿美元，一度成为电商行业的领跑者。这一切的成就离不开凡客的文案广告宣传。

凡客对纯棉衣物所带来的好处大力宣传，帮助用户了解纯棉衣物的产品特性。使得用户的内心产生这样一个想法："穿纯棉的衣服对身体好。"同时凡客的产品以"百分百纯棉"作为产品的宣传标语。最终，许多用户在凡客的引导下，将先前的想法转变为"穿凡客的衣服对身体好"。

那么到底纯棉衣服有哪些优点呢？下面将通过图 5-3 为大家展示。

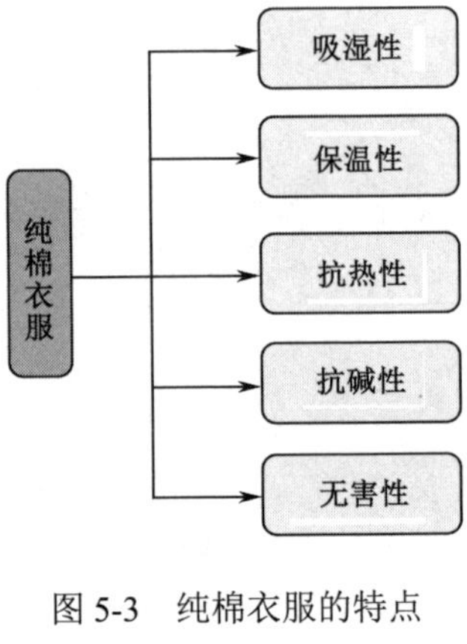

图 5-3 纯棉衣服的特点

1. 吸湿性

纯棉衣服的材质是棉纤维，这种棉纤维的吸湿性非常优秀，能够吸收大气中的水分，含水率达到10%左右，这种程度的水分比例使得衣服材质柔和，触感柔软不僵硬。同时，如果周围温度较高，人体出汗较多时，棉纤维由于其较强的挥发性，能够迅速散去其中的水分。因此，即便大汗淋漓，一般人穿着纯棉的衣服也不会感到难受。

2. 保温性

棉纤维具有多孔的特点，纤维与纤维之间能够积存大量的空气，而空气的导热性较差，因此纯棉纤维纺织产品的保温性较好。

3. 抗热性

在 110℃以下时，棉纤维不会受到损伤，因此在常温或热水中洗涤纯棉衣服时，纯棉衣服并不会因此受到损坏。

4. 抗碱性

棉纤维天生就具备抗碱的特质，棉纤维很难被碱性物质所破坏，这样有利于衣服的洗涤。同时，由于此特性，纯棉衣服易于被加工处理。例如，许多纯棉衣服都有染色和印花，增加了衣服款式的多样性。

5. 无害性

纯棉纤维是一种天然纤维，是可以直接与人体肌肤接触的，不会引起任何刺激反应，对人体没有任何害处。

以纯棉衣服具有的以上特点为基础，凡客对纯棉衣服进行了推广宣传，最后，在人们形成纯棉衣服对人体好的理念后，推出文案“百分百纯棉”这样一来，人们在购买衣服的时候就会下意识地认为，购买凡客的衣服就是对自己身体好的选择。那些心存疑惑、货比三家的消费者们，都会下意识地忽略其他的服装产品，直接购买凡客的衣服。

当然了，帮助用户了解产品属性，使其做出直接购买行为的文案也不只存在于服装产业。在手机产业中，这样的文案宣传也是层出不穷。

相信许多用户在购买手机的时候都会发现，店商会贴出手机的性能参数图，供用户查看。这就属于一种借助产品的数据属性进行宣传的文案，只不过文案的内容从文字变成了数字。

在文案领域，我们将这种由数据带来的推广效果称为数据效应，这种数据效应反映了用户从被动地接收信息到主动认知信息的转变过程。而在这个过程中，真实数据能够有效打消用户的疑惑，增强用户的信任。例如，华为荣耀 V10 手机参数图，如图 5-4 所示。

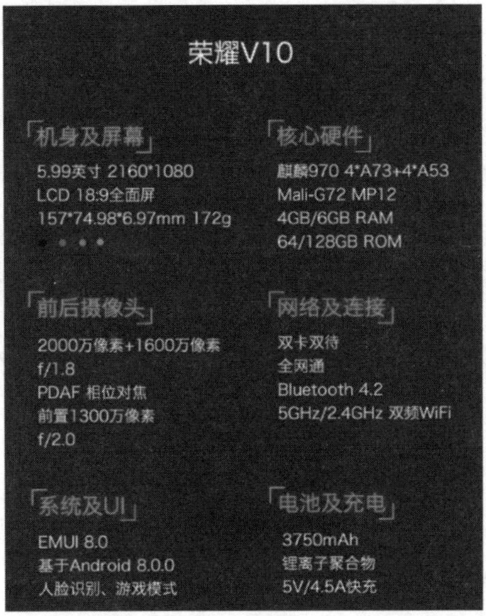

图 5-4　华为荣耀 V10 手机参数图

在 2017 年 10 月 28 日的荣耀 V10 发布会上，华为公布其低配版售价为 2999 元，高配版为 3299 元。在华为手机参数图中我们可以看到：荣耀 V10 搭配了 CPU 中较为出色的麒麟 970，不少购买该手机的用户测试以后表示，该 CPU 相较于高通出产的骁龙 835 性能相差不大。屏幕的分辨率为 1080×2160 像素，比起 iPhone X 的分辨率也是不遑多让，还比 iPhone X 动辄七八千元的售价要实惠许多。

主摄像头 1600 万像素、副摄像头 1300 万像素满足了摄影爱好者的要求；电池容量 3750mAh，延续了华为手机电池强大的续航能力；机身内存 64GB，从而避免了机身内存过小，手机卡顿等问题的产生。这些数据无一例外都彰显了荣耀 V10 性能的强大。

在国内的手机市场中，华为手机无疑处于领跑者的位置。华为手机在销售的过程中，将自身产品的参数公布出来，用户看到参数以后自然进行相应的对比，之后心中就会产生一个对比的结果，这个结果直接影响着用户的最终选择。

华为以产品参数图帮助用户了解产品属性，虽然此举可能会导致产品失去一部分用户，但是剩下的用户都对产品拥有一定的信任，愿意为产品埋单，直接做出购买行为，节约彼此的时间。同时，这些已经购买华为手机的用户，大多都会继续选择购买该品牌的产品。

5.5 小米 4：一块钢板的艺术之旅

2014 年 7 月 22 日下午 2 点，小米在北京国家会议中心举办发布会，发布会主题是“一块钢板的艺术之旅”。发布会上，雷军公布了小米的新一代产品——小米 4，小米 4 采用骁龙 801 四核处理器、3GB 内存、16/64GB 闪存、5 英寸 1080P 夏普/JDI OGS 全贴合屏、3080mAh 锂离子聚合物电池、800 万/1300 万像素的前后置索尼相机，如图 5-5 所示。

图 5-5　小米 4 的手机参数

作为国内近年来发展最快的智能手机公司，在 2014 年上半年，小米营业额达 330 亿元，累积出售 2611 万台产品。小米 4 的发布，短时间内将进一步刺激合作伙伴的投资热情，同时，雷军还在发布会上声明：今年小米的目标是出售产品 6000 万台以上。

发布会上，雷军介绍小米 4 的钢板工艺的时间极久，几乎占据了发布会大半的时间。下面，让我们一起来看看这场关于小米 4 钢板的介绍。

1. 具有艺术感的不锈钢金属边框

小米 4 的金属边框，采用奥氏体 304 不锈钢，中间经过 40 道制程，193 道工序，由锻压成型的工艺、8 次 CNC 数控机床加工打磨而成。项目自 2013 年 2 月正式启动，历经 18 个月时间终于完成。

2. 不一般的光泽

为了保证金属边框的光泽，边框制作采用了粗抛、中抛、镜面抛光等 13 道工艺，用时 6 个多小时。

3. 极致的喷砂工艺

小米钢板喷砂工艺如图 5-6 所示。

图 5-6　小米钢板喷砂工艺

4. 豪掷 19 亿元

小米 4“一块钢板的艺术之旅”背后的代价是巨大的，将 309 克的钢板打磨成 19 克的边框，中间加工时间长达 32 小时，为此，小米投入了 19 亿元的研发费用。

5. 手感舒适

小米 4 采用 Edge Coating 技术，首创玻璃边缘保护涂层，边框宽度仅 67.5mm。纳米级防指纹膜，防水防油污，触碰手感极其舒适。

6. 防误触技术

小米的色域范围高达 84%，比 iPhone 5S 还高出 12%。小米 4 的屏幕边缘更是采用防误触专利技术，即便手指处于边缘仍可操作，忽略手掌误触。此外，还有 99 元/年的意外保险，为用户承担保障碎屏和意外进水风险。

看完手机金属钢板的六大特点以后，大家不禁会生出这样一个疑问，为何小米会舍弃以往的宣传风格，对于性能仅仅几句带过，而对于钢板的工艺却冠以“艺术”的名头，并大肆宣扬。小米这样做的目的究竟是什么？在弄清楚这个问题前，我们首先需要了解“一块钢板的艺术之旅”背后所传达的概念。

小米的钢板工艺很复杂很先进！

连这么复杂的钢板工艺都能完成！小米的工厂应该很先进！

这么先进的工厂，生产的小米手机应该很出色！

拥有这块钢板的小米 4 很出色！当用户产生这样的念头时，发布会的目的就完美地达到了。这样一来，既与以往的竞争对手形成了差异化定位，又将小米手机提升为一种具有艺术价值的产品。

现代人们偏爱一些工艺上较为前端的产品，既然小米 4 的工艺这么出色，何不买来试试看呢？于是，拥有极高艺术价值的钢板的小米 4 也就顺势成为市场的“宠儿”。而随着小米 4 钢板声名大噪，奥氏体 304 不锈钢也“火”了起来。

不得不说，小米的每一次发布会都是一个成功的营销案例，它充分调动了用户的积极性，让用户去探究小米手机潜藏的科技性能，去直观感受科技的魅力。这次发布会将以往依靠手机配置取胜的小米手机转变为依靠细节占据市场的一流手机，发布内容从只对“发烧友”有用的性能参数转变为面向大众的极致化设计，掀开了小米手机新的篇章。

此次发布会取得的成功毋庸置疑，从文案思维的角度来说，其成功离不开三个方面。下面为大家分析“一块钢板的艺术之旅”的发布会能够引起广泛关注的三方面原因，如图 5-7 所示。

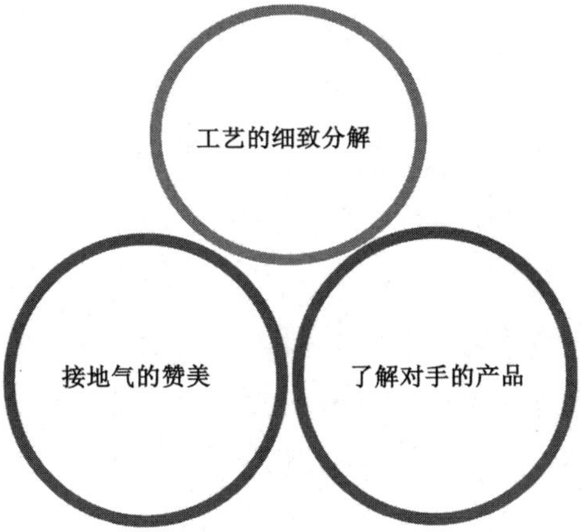

图 5-7　“一块钢板的艺术之旅”发布会成功的三个方面

1. 工艺的细致分解

小米 4 之前的小米系列产品主要以产品参数作为宣传要点，吸引了一批“发烧友”的关注，但一个企业想要获得更大的发展空间，必然需要拓展新的用户源，而拓展新的用户又意味着需要满足新的用户需求。

在将一块钢板的制作工艺细致分解的过程中，用户感受到的是小米在追求品质道路上的用心良苦，感受到的是小米对用户的极度尊重。因此，在市场中，一大批追求手机体验的新用户被吸纳进来，成为新的“米粉”。

2. 接地气的赞美

雷军不愧是被众多网友称为“雷布斯”的出色营销者，他将小米 4 的钢板用一句自夸式的广告语彻底送上了舆论的头条。此前这种风格的话语基本上只在日常朋友间的谈话中出现，而在发布会这样隆重的场合，这样的话语是第一次出现。通常第一次出现的新鲜事物更容易引起广大网友的关注，雷军的这一句话带来的收益说是“价值千金”也不为过。

3. 了解对手的产品

就在国内手机厂商都在不断追求手机的使用体验时，小米将目光放在没有多少企业关注的手机外壳边框上，从而避免了陷入与其他厂商的激烈竞争之中，在某一方面追求更为出色极致体验，也就有了上述关于小米 4 外壳边框的一系列设计。

小米 4 的边框宣传并不是无的放矢，而是充分考虑了市场环境以后的明智之举。将产品进行相应的定位调整，集中主要资源，扩大自身产品某个方面的优势，同时确保这个方面的优势是其他竞争对手所不具备的。

第6章

换位思维：从对方角度出发，指出利益

换位思考一直是人际交往的重要法则之一。而在文案的创作中，换位思考就需要站在用户的角度，为用户讲清产品卖点，比用户更了解他自己，以产品提供的利益获取用户的喜爱。

本章主要讲述文案思维中的换位思考，主要从四个方面引导读者加强对文案创作过程中换位思维的理解，让读者充分了解消费者的产品诉求，运用逆向思维的方法让文案创作者比消费者更了解自己。在案例方面，麦当劳的可撕式托盘案例能够便于读者理解换位思维的核心要点。

6.1　讲清楚产品卖点

当一个产品文案涵盖了目标用户需要什么、我们有什么这两个内容时，这个文案就是有卖点的产品文案，如图 6-1 所示。

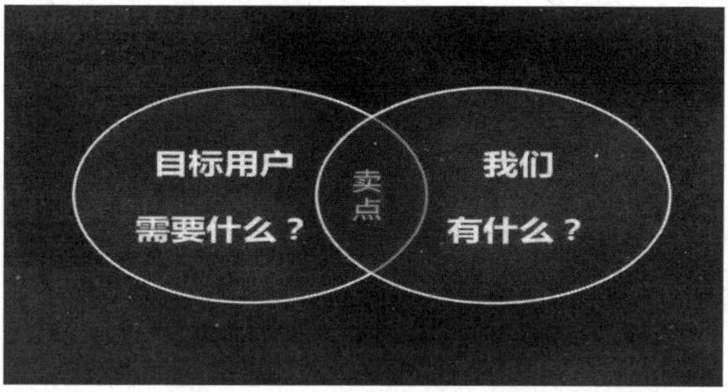

图 6-1　卖点的含义

香港著名的手表品牌得意鸟曾经策划过一则宣传文案，该文案将目标用户定位为上流社会女性，针这些女性喜爱奢侈品的特点，得意鸟将产品卖点分为四部分。

其一是拥有施华洛世奇水钻。施华洛世奇水钻属于水钻中的佼佼者，切割面多达 30 个。因此，施华洛世奇水钻折射出来的光线极具深邃感，而且光泽持久，是一种品质与尊贵的象征。其二是珍珠彩贝表面。其三是镶钻刻度。其四是陶瓷表带。后三种卖点无疑满足了工艺精良与品质奢华的标准。

除了这四大卖点，得意鸟的文案还从女性角度出发，提出“女人之所以自信，是因为年华的灿烂；之所以乐观，是因为时间背后有腕表的见证”的观点，以刺激目标用户的需求。

因此，与其描述产品，不如把文案创作的重点放到产品对用户有什么作用上。例如，厦门高铁快捷酒店曾经就进行过一次成功的卖点策划。该酒店发布了一篇“福州旅游住宿奇遇”的文案，成功获取了大量网络用户，酒店每天都爆满。文案内容如下：

今天你来到了福州。

如果你是一个爱睡懒觉的人，厦门高铁快捷酒店就是你的首选，它与火车间的距离只有不到 50 米。

如果你是一个精打细算的人，厦门高铁快捷酒店就是你的首选，它的价格只有 88 元。

如果你是一个爱好干净的人，厦门高铁快捷酒店就是你的首选，它的房间一尘不染。

如果你是一个爱好网络的人，厦门高铁快捷酒店就是你的首选，它的房间里有免费宽带。

最后，如果你是第一次听到厦门高铁快捷酒店的名字，请不要吝啬你的流量，立刻拿起你的手机，在百度上搜索“58元宾馆”，会有不一样的惊喜等着你！

厦门高铁快捷酒店的成功之处，就在于它将自家酒店的所有卖点都一一列举出来，并把卖点满足的用户需求也一一陈列，用户可以清楚地知道该酒店能否满足自身的需求，减少了用户思考产品是否符合自身需求的时间，减少了思考的时间，选择的时间也就缩短了。对于一个企业来说，用户选择的时间缩短，意味着他反悔的概率变小，下定决心购买的概率变大。

文案是否成功与产品卖点的提炼有很大的关系。卖点是用户关注的核心要点，文案的创作者需要在满足消费者需求的基础上，提炼核心卖点，以文字的形式展现出来，力求一句话说清产品有什么作用，对用户有什么好处，让用户快速做出选择。在文案的撰写过程中，常见的卖点有如下五种类型：

1. 情感卖点

红星二锅头的广告“有兄弟，才有阵营”以兄弟情义作为产品的卖点，获得了用户的青睐。多芬香皂在广告文案“多芬，滋润你的肌肤”中主打关爱的情感，一时间引爆了社会话题。自然堂的“你本来就很美”，给予了人们追求美的自信，击中了无数男女的内心。这些文案广告都是以诱发用户的情感共鸣为目的，从而引导用户购买产品。

2. 特色卖点

特色是指产品在某个方面的效果是最好的，并且是其他竞争对手所不具备的特点。这不是突出用户的消费需求，也不是传递产品的文化，而是直截了当地传达产品的某个效用。

3. 品牌卖点

许多企业都以品牌形象作为卖点，吸引用户。例如，瑞士的名表将品牌产品塑造出纯手工制造的形象，使其占据了手表产业的高端市场。史密斯热水器的广告“过了半个世纪还在用它”，凸显了产品经久耐用的特点，迎合了用户对热水器使用寿命的需求。

4. 品质卖点

文案创作者可以在文案的创作过程中引入权威机构的认证、专家证明、品牌创建历史等，为产品的品质加持，这种模式常常用于一些历史悠久的企业。

5. 信息卖点

人们对于未知的信息都有了解的冲动，所以，文案创作者就可以通过传递人们未知的信息，使得产品具有一种信息上的卖点，让人们想要主动了解这些产品。下面介绍著名的喜立兹啤酒案例。

喜立兹啤酒原来销量一直不好，为了扭转这一局面，喜立兹啤酒请来了当时的广告大师霍普金斯，希望他能提供一个好的解决方案。

喜立兹啤酒的经理带着霍普金斯前往生产工厂查看他们的设备和工艺，参观过程中经理介绍了诸多工艺特点和先进技术，但霍普金斯大师却一点兴致都没有，只是随意应和几句，敷衍了事。经理非常失望，看来大师也没有什么办法能够帮助喜立兹啤酒脱离困境。可就在大家走出工厂的时候，霍普金斯大师盯着某个地方惊喜不已，原来大师看到：啤酒的空瓶子进入了一个用高温蒸汽消毒的车间。

经理还以为大师想出了什么可以挽救公司的办法，但问清大师惊喜的原因后，他又失望了，他告诉霍普金斯大师，这是世界上任何一个啤酒品牌都有的基本工艺。但大师依旧保持笑容，他回答道：这个工艺是不是任何啤酒工厂都有并不重要，重要的是我们的消费者并不知道有人正在使用这个工艺。

最后，喜立兹啤酒听从了霍普金斯大师的建议，以“每个啤酒瓶都经过高温蒸汽消毒”为广告词，一举夺得了市场第一的份额。虽然这个工艺并不特殊，但恰巧这个工艺的信息并不为消费者所知，于是喜立兹啤酒利用信息不对称的卖点，成功化解了公司的危机。

6.2 以用户为中心，强化你的力量

恒美公司曾经为大众汽车修改过一则文案广告，如图 6-2 所示。

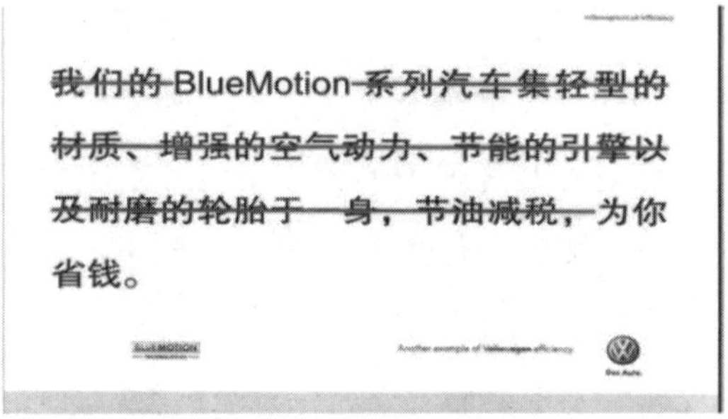

图 6-2　恒美公司修改后的文案

恒美公司将大众汽车广告文案的大部分宣传语都直接删掉了，只留下了这样一句话“BlueMotion 为你省钱”，而这一句话带来的效果也是卓越的，大众汽车当年销量暴增。

这看似简单的删减工作，实则蕴含着大智慧。通常来说，汽车的用户最关心的并不是什么卓越的性能与工艺，而是这辆汽车能够为自己带来什么好处与便利，哪辆汽车带给自己的好处与便利更多，用户就会选择哪辆汽车。明白了用户的心理以后，恒美

公司的修改方案也就水到渠成了，将与好处和便利无关的内容删除，只留下看上去能够带来好处与便利的精华部分，最终这一句经典的广告文案就诞生了。

强调以用户为中心是广告文案成功的关键因素，只有做到了这一点的文案，才算是符合用户需求的文案。否则，就只能算是普通文案，难登大雅之堂。而强调以用户为中心首先要做的就是强调一切都是为了用户着想，也就是强调一切为了“你”着想。下面以一个充电宝文案的创作过程为例，解释如何传递一切为了“你”着想的理念。

王波是一个初入文案行业的“小白”，由于初出茅庐，他的文案老师没有给他较为重要的任务，只是让他写一篇关于充电宝的文案，充电宝的特征是 20000 毫安，用户群体是长时间外出、需要保持电量的用户，字数在 100 字以内。

王波在策划的过程中心想：“可能很多用户对于毫安这个概念很模糊，不如改成一眼就能看懂的文案。”于是针对用户群体，王波设计了第一份文案：

手机又没电了？

你还在为找不到插座充电而发愁？你还在为耽误重要工作而烦恼？

不，这些你都不需要担心。

只要你拥有它，一台一次能够充满五个 iPhone X 的充电宝，你将不会再为手机没电而苦恼。

然后，王波就将这一份自己比较满意的文案用邮件的形式发给了他的老师。就在他以为能够得到老师的赞美时，老师给他发了一封让他失落的邮件。在邮件中，老师对他一顿数落，其主要内容如下：

对于数码产品的爱好者，20000 毫安是一个清楚得不能再清楚的概念，替换概念也不能删除这个关键信息。

你将不会再为手机没电而苦恼，这句话和用户的需求有什么关系吗？这能满足用户的需求吗？太空洞，太夸张。

王波收到邮件以后，仔细阅读了一遍自己的文案，发现的确有一点“自嗨”的感觉。有了这次教训以后，王波痛定思痛，深刻反思并总结出老师所指的问题所在。过了几天，王波的第二份文案写好了，他将目标用户缩小到了爱好户外拍摄的年轻群体。这一次他怀着忐忑的心情将邮件发送给了老师，邮件的内容如下：

不再因手机没电错过绮丽美景！

不再因手机没电错过精彩瞬间！

终于可以尽情自拍！

> 这一切，你只需要一台 20000 毫安，一次能充满五个 iPhone X 的充电宝。

这一次，他的老师没有批评他，甚至给予了一定的肯定，但仍然给出了一个修改意见：文案的开头还是不够直击痛点，用户感受到的好处不够深刻。

看完老师的意见后，王波认识到自己仍然需要努力。经过几个小时的思考，王波完成了文案的修改，终于，老师回复的邮件中显示了“合格”两字。文案的内容如下：

> 不再因手机没电错过家人的模样！
>
> 不再因手机没电遗漏她的痕迹！
>
> 终于可以尽情拍摄！
>
> 这一切，你只需要一台 20000 毫安，一次能充满五个 iPhone X 的充电宝。

最后的文案创造了两种情景，在这两种情景中用户可以切实找到自己的需求，当用户需要拍摄家人和心中的那个她时，充电宝都可以为用户的手机续航，保证电量的充足，对比此前的“绮丽美景、精彩瞬间”，更能满足用户的需求，更显得为用户着想。

文案的创作并不是一个瞬间就能完成的工作，而是一个循序渐进的过程。在这个过程中，我们需要不断挖掘用户的需求，将这些需求体现到文案之中，这样，最终呈现在用户面前的才是完全以用户为中心的好文案。

6.3 比用户还了解他自己

在撰写文案的过程中，文案创作者常常需要站在用户的角度进行思考。但有许多创作者投机取巧，以为只要简单摸索出用户的需求，就能创作出吸人眼球的出色文案。然而，这样的想法实际上只是“纸上谈兵”而已。

一个好的文案需要文案创作者不断积累用户的需求，然后从这些需求中提取精华部分，最终将其转化为文案的卖点。这就要求文案创作者对于目标用户知根知底，需要做到比用户更了解他自己，只有这样才能找出用户最为迫切的需求，从而以一篇直击用户内心的好文案实现产品的良好推广。

尿不湿在国内最开始销售的时候，因为其不像尿布一样需要来回折腾好几次，所以，广告都是以方便作为宣传重点。但广告投放一段时间以后，广告主们发现了一个奇怪的问题：广告文案的内容对准了消费者的需求，销量却上不去。为了解决这个问题，广告主们找来了一群 20 多岁的年轻妈妈进行访谈调查。

调查员问："尿不湿用得方便吗？"

年轻的妈妈们答："挺方便的。"

调查员又问："都是什么时候用啊？"

年轻的妈妈们议论纷纷，过了好一会儿，有一个妈妈作为代表起立回答："都是婆婆不在，或者自己照顾孩子的时候用的。"

调查员有些好奇，接着问道："为什么？"

年轻的妈妈们几乎同时回答："婆婆不让呗。"

原来，随着工作压力的日渐增大，年轻的妈妈们没有太多的时间照顾宝宝，因此，她们通常倾向于选择使用较为方便的尿不湿。但年迈的婆婆们则对此十分不满，她们认为尿不湿厚厚的，透气性还不好，整天穿在身上，宝宝会难受。而且尿不湿经常出现侧漏的问题，所以还是尿布好。受婆婆的影响，年轻的妈妈们也只能选择使用尿布。

调查员清楚了"症结"所在之后，回去向广告主报告，广告主们立刻改变了文案方向，并纷纷推出透气、柔软性极好、含有立体防漏隔边的尿不湿。年轻的妈妈们见到这样的产品自然也是大喜过望，纷纷自发宣传这些透气、含有立体防漏隔边的尿不湿的好处。通过她们的努力，婆婆们也同意了给孩子使用尿不湿。于是，尿不湿迎来了销量的增长。

所以，文案想要成功，不仅需要了解用户，还要能够把用户心里想说却又不能说的话表达出来。

以上概念被称为共同谋求，是来自尼尔·施特劳斯撰写的《游戏》一书，这是一本教男人追求异性的书籍。共同谋求的意思是指双方做到某件只有他们本人才知道的事情，其他人都无法理解。

例如，你找了一家情侣共同进餐就可以打七折的餐馆，请心仪的女孩共同进餐。当然，这需要一定的条件，那就是要证明两人确实为情侣关系，可以通过亲密合照、情侣套装等。在去之前，你就将餐厅的情况告诉了心仪的女孩，并对她说："委屈你了，需要和我演个情侣。"同时，你和女孩一起照了一张合影。

现在条件已经完全具备，于是你就带着心仪的女孩去了这家餐厅。用合影照片瞒过餐厅以后，你们故意在店员面前讨论一些对于未来的畅想，诸如怎样挑选婚纱、怎样拍摄婚纱照、度蜜月的地点等。这样，你们两人内心就会感到一种独享秘密的快乐，关系也迅速升温。

这一概念应用到文案的思维中，就会变成文案创作者与消费者的共同谋求，迅速拉近彼此之间的距离。为消费者解决他们想要解决但又无法解决的问题，在满足了消费者需求的同时，又完成了自身产品的销售。

6.4 通过让利来吸引用户

“领券还能再享优惠，满 239 元可领 30 元，满 299 元可领 50 元”，这是消费者在淘宝购买商品时最常见到的广告之一。从文案思维的角度来看，这种优惠券就是利用了消费者渴求优惠的心理，以商家让出一部分利益满足消费者需求，引起消费者的注意。同时，消费者在购物的过程中，如果只是差二三十元就可以得到这个优惠，可能会由于优惠券的吸引，进行叠加消费，如图 6-3 所示。

图 6-3 优惠券

一般情况下，商家让利的文案模式有五种，下面我们为大家一一介绍。

1. 纪念式文案

京东成立十周年之际，开启了长达三天的“老刘专场”促销活动，活动形式有价格直降、送出海量优惠券、全场满减、爆品秒杀等。其中京东超市推出“粮油 2 件 8 折，3 件 7 折”的广告。

除了以上广告文案，还有“护肤品全场满 299 元减 100 元”“满 399 元减 150 元”“全场打折促销”等。这些都是各大厂家配合京东“老刘专场”的促销活动。大部分人对于具有纪念意义的日子都十分期待。例如，过生日希望能够得到生日蛋糕，结婚纪念日希望得到一个礼物。而对于消费者来说，在电商的周年庆典上，他们渴望得到更多的优惠。

因此，这些厂商联合京东一同举办了这场十周年的庆典，以更加实惠、更加广泛的优惠模式，吸引更多的消费者。网易旗下的惠惠购物助手发布的数据显示，活动的第一天，京东商城内有 70%的商品处于降价状态。

通过为期三天的促销活动，京东总订单数超过 700 万单，家电销售额达 15.9 亿元，手机销售量突破 50 万台，笔记本数量突破 12 万台。访问量也高达天猫的两倍，旗下的各大电商实时流量居高不下。

2. 节日文案

除了纪念式的文案，还有一种与之类似的文案，叫节日促销文案。这种文案常见于零食、服装、网络游戏等行业。例如，家具行业的“带上自己的枕头去旅行，全场五折起”，服装行业的“十一黄金周，满 100 元减 55 元”等。

这些文案的策划要点就是告知消费者一个信息：现在的优惠力度前所未有。它们在恰当的时间与地点针对恰当的人物，实现产品的盈利。当然，利用节日促销的文案还可以借助节日所蕴含的意义，赋予产品一种情感内涵，让消费者感觉他们花钱购买这种情感是划算的。

在情人节的时候，许多淘宝花店推出“99 朵玫瑰，情人节 5.2 折”的促销文案。许多热恋中的青年男子都会在情人节赠送玫瑰花给心爱的女伴，这些玫瑰花代表着他们的爱意，爱意越深厚，玫瑰花自然也就越多。因此，淘宝花店抓住这种消费需求，推出 99 朵玫瑰花的购买方式，而“5.2 折”代表着“我爱你”。寓意就是：如果爱她，就应该买 99 朵玫瑰花。同时，接近半价的折扣力度也让青年男子们心动不已。

3. 抽奖式文案

iPhone 的人气一直居高不下，价格也是节节攀升。许多想要一览 iPhone 风采的人，都被其高昂的价格拒之门外。为了获取这一部分潜在用户，很多商家采用了“一元秒杀”的抽奖促销文案。

例如，一台 iPhone X 的价格是 8316 元，用户只需要投入一元钱，然后等参与购买的人数达到 8316 人以后，商家便会以抽奖的形式，从 8316 人中抽取一人获得 iPhone X。对于用户来说一元钱可有可无，虽然中奖的概率很小，但尝试一下总不为过，万一真的抽到了，就相当于白白得到了一部价值近万元的 iPhone X。对于商家来说，以规定参加人数的方式保障自身收益的同时，将用户的利益转嫁到了商品身上，激发用户的参与热情。

除此之外，抽奖式文案还有另外一种：当消费者达到某种限定门槛时，就有概率获得优惠。例如，在 2017 年 7 月，某个商场推出了“购买格力电器，抽取 1999 元大奖”的广告文案。消费者只需要购买格力旗下的任意一款产品，就有机会参与抽奖，抽中的幸运用户可以获得 1999 元现金大奖。

值得注意的是，这种文案需要设定一定的约束条件，防止消费者被奖品所吸引而失去对产品的关注。

4. 限量式文案

俗话说“物以稀为贵”，许多商家运用大众的这种心理，将所销售的产品的数量规定在某个范围以内。例如，打火机行业的著名品牌 Zippo 在 2018 年春季发布了一则这样的文案：“古银机械齿轮，全球限量发行 1000 只。”而且在每一个打火机上面都有特定的数字标识，以确保其独一无二，如图 6-4 所示。

图 6-4　Zippo 打火机的限定样式

同样，在手机营销领域，各大手机厂商利用这种心理，采取“饥饿营销”的方式，以“此次发布 5 万部新品”“限量出售 10 万部”等内容，引起消费者的抢购。虽然很多人并没有成功购得该产品，但仍然陷入了购买热潮之中。

例如，许多购买过小米手机的朋友一定有着这样的体会：为了能够提高购得小米手机的成功率，通常都会拉上几个同学、同事、朋友一起帮忙，团结所有能够团结的对象，但最终结果往往是失望而归。短短几秒的时间，官网发布的手机就已经销售一空，只能等待下一轮的抢购。

5. 附加价值式文案

在淘宝与京东的店铺，消费者在购买产品之后，商家通常会

提供包邮服务，无形之中让消费者认为自己占到便宜，得到了实惠，而商家则能够以这种附加形式的额外价值提升消费者的购买概率

马斯洛认为，“安全感是决定心理健康的最重要因素。”人类天生的本能就是寻求一个安全之处。所以，商家还可以向顾客做出一定的承诺，排除消费者的不安心理，如“七天无条件退货”“假一赔十”等。

6.5 麦当劳：可撕式托盘，改善外带体验

1955 年，在美国的芝加哥诞生了一个全球知名的快餐店——麦当劳，成立当天店内的营业额为 366.12 美元。经过 50 多年的发展，如今的麦当劳在世界范围内拥有 3 万家分店，遍及 6 大洲的 119 个国家。2017 年 6 月，WPP 和 Kantar Millward Brown 共同公布了《2017 年 BrandZ 全球最具价值品牌百强榜》，麦当劳名列第十，品牌价值为 977.23 亿美元。

多年来，麦当劳奉行的原则一直是“顾客至上”，以提供最高质量的服务为特色。例如，麦当劳的牛肉食品要经过 40 多项检查，确认合格后才会出售给消费者；汉堡类食品制作完成半个小时以后，如果没有顾客购买，一般都会丢弃不用；薯条的标准更为严格，其成品制作完成 7 分钟后，如果没有顾客购买，便会丢弃不用。

但一个企业在发展过程中不可能总是一帆风顺的，难免会出现一些挫折。麦当劳的挫折就是，对于快餐业，人们越来越追求细致化服务。例如，人们在外带麦当劳食品后，常遇到食品容易

散落、不能在车内食用等问题。麦当劳聘请了 DDB 布达佩斯广告公司为他们解决这个难题。

DDB 布达佩斯广告公司接到麦当劳的邀请后，经过一个多月的设计，提出了一个“可撕式托盘”的创意文案。他们建议对麦当劳的外带包进行了巧妙设计，当用户撕开麦当劳外带包装下方的封条以后，外带包装就可以变成一个快餐托盘，用户可以将食物放到托盘上尽情享用。这种人性化的设计能够满足人们在车内进食且不掉落残渣的需求。该文案发布以后，麦当劳一下子登上了当时的“热搜榜”，品牌的口碑大幅提升。

该文案的成功除了归功于 DDB 布达佩斯的创意独特，还有很大一个原因就是麦当劳一切从用户角度出发的服务原则。麦当劳事先洞察了用户的消费需求，进行了针对性部署，找了 DDB 布达佩斯广告公司进行相应的文案策划，最终在这两者的合力之下，营造出了上文的局面。

除了麦当劳“可撕式托盘”的文案，New Balance 也别出心裁地推出了“致匠心”文案，以视频展现内容的方式，促进了品牌的良好推广，具体文案内容如下：

人生很多事急不得，你得等它自己熟，

我二十岁出头入行，三十年写了不到三百首歌，当然算是量少的，

我想一个人有多少天分，跟出什么样的作品，并无太大的关联，

天分我还是有的，我有能耐住性子的天分，

人不能孤独地活着，之所以有作品，是为了沟通，

透过作品去告诉人家：心里的想法、眼中看到世界的样子、所在意的、所珍惜的。

所以，作品就是自己，

所有精工制作的物件，最珍贵、最不能替代的，就只有一个字——“人”。

该文案的主人公是大名鼎鼎的华语乐坛教父级别的歌手李宗盛，随着长达 12 分钟的视频展开，李宗盛叙述着旁白，画面显示出 New Balance 慢跑鞋的制作过程。整个过程中没有任何激动人心的言语，也没有任何机器化的生产工艺，只有 New Balance 的资深工匠为了苛求品质，极具匠心地进行精细化手工制作。

当李宗盛讲完最后一句话，“专注做点东西，至少能对得起光阴岁月。其他的就留给时间去说吧”时，New Balance 的资深工匠正在对已经完成的跑鞋进行检查，以便能够找出不足之处继续改进。

看完这篇文案，相信许多人都会被 New Balance 这个品牌所具有的匠人精神所感动，忍不住想购买一双 New Balance 的跑鞋。而这就是 New Balance 的过人之处，它借助李宗盛的名气与口碑，

通过共鸣的形式宣传跑鞋，让受众看到 New Balance 所做的一切都是为了让自己的双脚感到更舒适，从而使得受众心底增加了对 New Balance 的认同感。因为人们总是对为自己着想的产品更加青睐。

第 7 章

定位思维：找准突破口，让使用情景为产品“说话”

作为一名文案创作者，在创作文案的过程中需要对产品有一个清晰的定位，了解产品的归类，找准目标用户，以日常生活作为突破口，为产品设计一个使用情景，让使用情景为产品“说话”，强调产品的情感体验，以情感共鸣打动客户。

本章介绍了定位思维中需要注意的要素，增强读者对文案的整体把握。通过本章的学习，读者能较为全面地了解文案的整体架构。本章的案例丰富多样，从凯洛格玉米片到江小白，再从江小白到先生的湖，帮助读者快速建立定位思维的模式。

7.1 大众化产品，找小众化需求

通常，“小众”是指一种只被少数人认可的事物和爱好。例如，相对于雷军的小米、任正非的华为，罗永浩的锤子就是“小众”；相对于淘宝、京东，当当就是“小众”；相对于百度，搜狗就是“小众”。

如今，这样的观念已经过时，随着消费者的个性化需求越来越多，人们需要的是能够满足自身需求的产品。因此，对于企业来说，小众不再局限于“少数人”，而应该是“人的小部分”，企业需要追求的应该是需求场景的“小”，而不是受众的“小”。

从这个角度来看，小米与华为这样的大众化产品其实都满足了小众化的需求。这两种品牌的产品都支持一键 ROOT，能够让用户自主选择安装应用程序、选择不同的界面及不同的文字风格。用户在使用这些手机的过程中，能够找到一种独属于自己的服务体验，找到一种“小众”的尊崇感。

在 2016 年，作为国内最大电影评分网站之一的豆瓣网发布过一则文案，在短短几天的时间内就引起了无数人的共鸣。这则文案以饱含文艺情景的内容，让用户群体从喜爱文艺的“小众”转变为富有文艺情怀的大众。下面我们一起来欣赏一下这篇“不平凡”的文案。

我健康，偶尔脆弱，
但从不缺少照顾，
也尝过，
爱情的滋味，真正的爱情，
如果不联络，
朋友们并不知道我在哪里，
但他们明白，
除了这个小秘密，我只是，
一个极其平凡的人，
我有时，张开双臂拥抱世界，
有时，我只想一个人，
我们的精神角落，
豆瓣。

文案的内容很像是一个小故事，以第一人称的视角，以略带骄傲与自信的语气叙述自己拥有一个小秘密，并宣称自己除了这个秘密，其实只是一个平凡人，使得整篇文案处处流露出一种追求“小众”的味道，甚至有一点拒人于千里之外的感觉。但当看完所有的内容以后，我们就会沉浸在豆瓣所创造的文艺世界中，这是一种不平凡的骄傲自信，一种这个时代的人们追求的，同时也是这个时代的人们所欠缺的东西。

因此，看完文案的内容以后，我们会发现，原来豆瓣是懂我们的，并且能够带给我们一些我们所需求的情感。于是，我们的部分情感需求就在豆瓣上得到了满足，这也正是这则文案成功的地方。

除了豆瓣文案，锤子科技的文案也创造了一种满足用户情感需求的特定场景，使得文案广告获得了极大的成功，如下所示。

我们看到太阳发出的光需要 8 分钟;

看到海王星反射出的光需要 4 个小时;

看到银河系边缘的光至少需要 2.4 万年;

看到宇宙中距离我们最远的那颗星星发出的光需要 139 亿年。

所有的光芒，都需要时间才能被看到。

首先，文案的内容借助科普知识而展开，将人类肉眼接收到宇宙星体光芒所需要的时间进行了介绍。首先列出，看到太阳的光芒需要 8 分钟；看到海王星反射太阳光的时间需要 4 个小时；看到银河系边缘的光至少需要 2.4 万年，等等，进而引出最后的内容——“所有的光芒，都需要时间才能被看到”。

这则文案这样做的目的有两个，第一个是回击此前锤子科技受到的一些质疑，表达出锤子科技不惧质疑的态度，营造出锤子手机不惧世人诋毁的品牌特性，让那些信赖锤子科技的“粉丝”获得一种精神上的激励。第二个是将一些原本并不是很喜爱锤子手机的用户转变为观望的潜在用户。一般人在接触一个新产品前，不单单想要了解产品的功能与特性，很多时候还会对产品传达的理念进行简单的认知。

锤子科技的这则文案完美营造出了一个默默努力付出品牌形象，以品质动人的产品形象，满足了“锤粉”的小众需求。同时，这则文案又极易讨得普通受众的欢心，许多“路人”转为愿意了解产品的“粉丝”也是顺其自然的事情。

7.2 从日常生活中找突破口，让用户心服口服

法国著名的大文豪巴尔扎克曾经说过：“灵感，是天才的女神。而在文案的创作过程中，文案创作者不可能一直处于具有灵感的状态。因此，当灵感枯竭的时候，文案创作者需要善于从日常生活中寻找灵感的来源，以生活中的特定场景作为文案的卖点，让用户得到满足。

例如，麦当劳的文案“喜欢就表白，不爱就拉黑，随你喜欢”，就取自日常生活中微信里，当男方向女方表白失败时，男方很可能会被女方拉黑的场景。借助这个场景，麦当劳推出了黑白套餐，与上述场景完美融合，让用户看到以后忍俊不禁，同时心里发出一声感叹——好像确实是这么回事。不自觉就认同了麦当劳的黑白套餐。该文案如下所示。

喜欢就表白，不爱就拉黑。

无独有偶，外卖运营商饿了么也公布过一则“饿了别叫妈，叫饿了么”的简短文案，该文案取自日常生活中的吃饭场景。试想一下，当我们饿了的时候，是不是总会对自己的妈妈喊道：“妈，

我饿了，快点做饭吧。”然后，妈妈就会开始准备我们的早饭、午饭、晚饭及夜宵。

然而，当我们外出追寻自己的理想，变成一个奋斗者时，这一切就很难实现了。因为父母不在身边，陪伴我们的只有吃不完的泡面、零食和孤独的寂寞感，所以看到这则文案以后，我们对饿了么就会有亲切感，饿了么摇身一变，从一个普通的外卖平台，变成能够及时给予我们支持的温暖“港湾”。

饿了么引导用户自己去发现痛点，借由广告语的一语双关，让饿了么品牌名更容易被广大用户所记住，快速地传播饿了么的品牌理念与服务功能。

相比前两个文案的单个日常生活场景的呈现，京东小金库则以几十个“你不必”的情景呈现，赢得了受众的认同。下面是截取的其中一部分文案内容：

你不必总是笑，

不必每一条微信都回复，

不必处处点赞。

你不必有什么户口，

也不必要求别人要有什么户口。

即便生存不易，

也不必让爸妈去相亲角被别人盘问出身。

你不必买大房子，

不必在月薪一万元的时候就贷款三百万元。

三十年后，

当孩子们问起那些年你有什么故事，

你不能只有贷款。

你不必去知名的大公司追求梦想，

你想逃离的种种，在那里同样会有。

你不必去大城市，也不必逃离北上广。

不必用别人的一篇十万加，

来决定自己的一辈子。

你不必改变自己。

这篇《你不必》的文案，总字数达六百多字，相比那些两三百字的文案，是比较吃亏的，因为过多的字数很容易引起用户的厌倦。好在这则文案之中传递的每一种场景，都能深切引起用户的共鸣，让每一个浏览它的用户都难以移开目光。

当我们还小的时候，就被父母及亲朋好友教育，要成为一个伟大的人物；当我们工作的时候，这个期望又变成了要月入上万元甚至十万元；当我们谈婚论嫁的时候，更是需要背负几十年的贷款，购买一间漂亮的大房子。不停有人将这些所谓的成功强加在我们身上，但事实上这些成功都是别人所定义的成功，即便我们做到了，也很难有一种发自内心的愉悦感。

因此，京东小金库反其道而行之，以几十个“你不必”告诉我们，不要以别人的成功定义自己，人要活出自己的精彩。这则文案说出了无数用户的心声，因而得到了广泛认可。

将上面三则文案的不同之处进行梳理之后，可以看出，借助日常生活场景创作文案主要有以下三种方法。

1. 平淡的大众场景

截至2016年12月，微信在全球的月活跃用户达8.89亿人，到了2017年，这个数字达到9.63亿，相当于每三个中国人就有两个在使用微信。因此，微信使用场景是一种近乎人人都遇见过、听见过的场景。麦当劳文案正是借助这种人人都见过的大众化场景取得了良好的宣传效果。

反过来说，如果微信的用户只有几百万人，那么麦当劳文案借助的生活场景就得不到大多数人的响应，故而很有可能会失败。

2. 真情的触动场景

亲情、友情、爱情这些人类最美好的情感，总是能够引起人们内心深处的认可。漂泊海外的人总是希望尝上一口家乡的佳肴，失去双亲的孩子们更渴望家的温情……文案创作者可以从这些情感的角度出发，通过对日常生活中情感行为的挖掘，构建出代表着这些情感的场景，借助这些交融的场景打动用户的内心。

3. 反向的思维场景

打破常规认知的事物能够引起人们的探究心理，同时还能激发人们内心潜藏的情感，帮助他们宣泄积攒已久的压力。通常，这种方法用于宣泄负面情感居多，文案创作者在使用这种方法的时候一定要适度而行。例如，在京东小金库的文案中，假如出现了“你不必工作”，则可能会产生负面影响，使场景脱离了现实。

7.3 为产品设计一个使用情景

2017 年一则名为“年纪越大，越没有人会原谅你的穷”的理财文案刷爆了微信朋友圈，这则文案是蚂蚁财富号联合南方基金、万家基金等 16 家基金公司推出的主题海报上的内容，文案中的具体内容如下所示。

每天都在用六位数的秘密，保护着两位数的存款。

小时候总骗爸妈自己没钱了，现在总骗爸妈，“没事，我还有钱”。

文案为用户设定了两种场景，第一种是当我们使用支付宝时需要设置六位数的密码，而内部的存款金额却只是两位数；第二种是我们打电话回家报平安时，常常说的一句话，“没事，我还有钱”。这两种场景很容易让用户联想自己到了中年是否也会如海报中的人物一样，产生危机感。

有了危机自然就需要解除，陷入这个情景中的用户会下意识地在产品之中寻找解决方案。如此一来，蚂蚁财富号的理财产品就会得到无数人的关注，成功掀起理财热潮。

然而，该如何设定一个使用场景呢？这就需要文案创作者不断获取与产品相关的信息，从积累的信息中筛选出最有效用的几条，并与生活中某些场景结合起来，设定出一种该产品特定的使用场景。一般来说，用这种方法设计出来的产品使用场景往往最能戳中用户需求痛点。

例如，每年的 5 月 20 日，是情人们互相告白的美好日子，对于花店来说，更是不可错过的黄金时间。许多花店为此提前半个月推出各种促销文案，企图吸引热恋中的情侣们购买，但在这一天到来的时候，最先火起来的却是一家专为失恋人士开设的“分手花店”。其文案如下所示。

生活不止眼前的苟且，还有前任发来的请帖。

我看过最虐心的言情小说，是我和你的聊天记录。

第一句文案源自高晓松老师写过的一篇文章“生活不止眼前的苟且，还有诗和远方”，经过改编后，设定的玫瑰花使用场景显然更加贴切。当收到前任发来的请帖时，大多数人的内心情感是复杂的，既不想去，却又放不了；既不想面对，却又苦苦思念；既想要忘记，却又无法忘记。此时，试着为他或她买上一束鲜花，作为告别、安慰的礼物，何尝不是一种妥善而体面的选择呢？

而当看到与前任恋人曾经的聊天记录，对于失恋中的男女来说，内心的痛点一下子被点燃，正如文案的第二句内容所描述的情景一样，“我看过最虐心的言情小说，是我和你的聊天记录”。

既然痛点被点燃，失恋中的男女就需要抚平这个伤口。在 5 月 20 日这一天，买上一束花纪念曾经拥有过的爱情，或许能够减缓内心的悲伤，给予自己一种心灵上的安慰。

正是凭借这种特定的产品使用场景，花不再单单代表“活着”的爱情，更可以代表“死去”的爱情，“分手花店”在 5 月 20 日到来的时候，销量大增。

除此之外，文案创作者还应该掌握用户的消费需求变化过程，只有这样，才能对症下药，将产品的情景化展现发挥到极致。而要掌握消费需求变化，就必须掌握用户的心理变化过程。例如，红星二锅头的文案——《没有酒，说不好故事》，如下所示。

> 为了实现梦想，有时候，你得先学会放弃梦想。
>
> 待在北京的不开心，也许只是一阵子。离开北京的不开心，却是一辈子。

红星二锅头此次的目标用户是“北漂一族”。文案的第一部分描述了“北漂一族”在梦想遇上现实以后，从一开始的踌躇满志转变为满腔心酸的场景，拨动了“北漂一族”背井离乡的心弦。这时，酒也就成了人们发泄内心情绪的“良药”。

第二部分则将前一部分营造的情绪放大，以“甘不甘心”作为情景要点，以离去和继续“北漂”的追梦者人数进行对比，进一步刺激用户情感，让用户意识到只有酒才能让自己发泄出内心的不甘，如下所示：

> 2000 万人继续漂着，因为梦想还没实现；
>
> 每年 15 万人离开，也因为梦想还没实现；
>
> 去留没有对错，只有甘不甘心。

最终，文案的诉求达成，让用户知道“北漂一族”可以靠喝酒才能宣泄情感。

以上这三个文案都是激发了用户内心的某种情感。

7.4 强调产品的情感体验

在 2017 年 3 月 20 日，有两条与“红色”有关的消息登上了热搜：第一条是苹果手机终于发布红色，第二条是网易云音乐《看见音乐的力量》文案中的红色“乐评”。这些“乐评”是网易云团队从 4 亿条评论中筛选出点赞最高的 5000 条评论，再从中精选出的 85 条，并将其投放在了杭州地铁 1 号线和江陵路地铁站。如图 7-1 所示。

图 7-1 网易云音乐文案《看见音乐的力量》

下面我们选出部分《看见音乐的力量》文案中的内容供大家鉴赏。

当你觉得孤独无助时，想一想还有十几亿的细胞只为你一个人活。

我喜欢我望向别处时你落在我身上的目光。

一个人久了，煮个饺子看见两个粘在一起的也要给它分开！

校服是我和她唯一穿过的情侣装，毕业照是我和她唯一的合影。

人生的出场顺序太重要了。

我想做一个能在你的葬礼上描述你一生的人。

我离天空最近的一次，是你把我高高地举过了你的肩头。

哭着吃过饭的人，是能够走下去的。

喜欢这种东西，捂住嘴巴，也会从眼睛里跑出来。

最怕一生碌碌无为，还说平凡难能可贵。

为什么网易云音乐的文案从头到尾没有一点原创内容，单单凭借搬运用户的评论，将其投放到杭州地铁站，就能获得如此大的成功呢？下面我们为大家解析其中的原因。

首先，我们需要了解的是为什么网易云音乐选择杭州这座城市。

杭州虽然算不上一线城市，但其经济发展速度也一直位居全国前列，尤其在 G20 峰会之后，更是迈入了准一线城市的行列。

它的城市规模、人口数量、人口流动，都比较符合大范围传播信息的条件。同时，杭州的文化氛围浓厚，十分具有人文情怀，这与网易云音乐的潜在用户和它“有情怀、有温度”的主旨十分契合，因此，网易云音乐广告文案投放地点就选在了杭州。

其次，我们需要明白网易云音乐为什么会选择在地铁上投放广告。

在此之前，我们需要先了解一则信息。早在 2017 年 10 月，摩登天空曾经在长沙进行过类似的地铁广告宣传，取得了不错的宣传效果。摩登天空租下一辆地铁，改名为“975 摩登音乐台地铁专列”。地铁内部有歌词，有涂鸦设计，在乘客进出站时，地铁内还会播放摩登音乐台请来的歌手录好的音频。例如，宋冬野录了一段音频：“列车运行时请站稳扶好，胖子请扶瘦子一把，摩登青年请为有需要的乘客让座”。有了成功的示范案例，网易云音乐自然可以大胆尝试。

了解完上面的信息以后，接下来需要明白音乐作为一个产品代表着什么。从商品的角度出发，音乐就是一种讲究场景化的消费品。当地区、情绪、天气、时间等因素发生变化时，用户想要倾听的音乐也会发生改变。而地区、天气、时间等因素很难被人为改变，因此，要想最大化提升音乐这件商品的价值，就需要找到一处用户情绪容易波动的地方宣传产品。这时，地铁就进入了网易云音乐营销人员的视线。

对于生活在城市中的人们来说，地铁已经不单单是一个交通工具，更是一个充满回忆的地方。它在某种程度上代表着“奋斗在城市中的孤独者们”，相信每一位前往大城市的外来者都曾满怀希望地乘上地铁开始新的征程，也曾疲惫不堪地靠着座椅沉睡，更曾孤独地望着来往的人群。这个时候的他们内心很脆弱，很容易被外来的感情所影响，造成情绪的波动与情感的共鸣。同时，地铁车厢又是一个长条形的密闭空间，科学研究证明，人类在这种环境下，更容易集中注意力，也更容易被外来的感情所影响。

最后，关于网易云音乐为什么选用评论作为文案内容，我们可以从文案推广的整体思路来研究。一个成功的文案必然让用户看了之后还想再看，并且能够引起用户的情感共鸣，而“乐评”就完美符合了这一点。

第一，“乐评”都是用户的感悟，代表着用户本人的想法与情怀，这比文案创作者从用户的角度出发撰写的文案内容更能吸引用户，毕竟模仿出来的用户永远代替不了用户本人，相同的群体才更了解彼此。所以，选用“乐评”更容易赢得用户的情感青睐。

第二，这些“乐评”都是经过千挑万选以后才正式选用的，每一条都是万中无一的好评论，每一条都能击中听歌人的内心。同时，在网易云的用户中，大多数资深用户都有“听歌过程中刷刷评论”的习惯，“乐评”对于这部分用户的情感冲击也最大，有利于提高核心用户的“黏性”。

第三，这些带有主观感情的“乐评”让以往枯燥的广告区变成了情感的交流之所。通过“乐评”，用户不仅能够缓解孤独的感觉，还能找到有情感共鸣的音乐产品。而处于地铁车厢这样一个密闭空间里，用户与文案间的情感交融会更加迅速，品牌的好感提升速度也更快。

能静下心听歌的人，往往都是有故事的人，而有故事的人，往往都是容易感怀的人。所以，当网易云音乐的这次推广来临的时候，很多用户心甘情愿为之分享。因为它懂用户，懂得用户对音乐这件商品的真正需求。

网易云音乐的成功并不是偶然的，而是一件近乎必然的事情。如今的用户除了追求服务体验，还开始在乎产品背后的情感价值。一个越是能够打动用户的产品，便越能给用户带来良好的情感体验。

7.5 用“消费者错误”的思维去思考

现在的社会越来越趋向于多元化，消费者的想法也千变万化，对于文案创作者来说，应该放下偏见，尊重消费者的每一个想法。就算消费者的想法看上去有些“问题”，你也要发自内心去理解。因为只有这样，消费者才会觉得你和他在同一个“频道”上，他才会重视你的产品。

这里不得不提到之前提到的文案《我害怕阅读的人》，不过我们对内容不做过多讲解，而是对文案背后的思维方式进行解析。当时正值天下文化出版公司 25 周年庆，他们为了打开新的消费市场，动员更多的人读书，特邀请奥美公司为其撰写文案。

奥美公司接到任务以后，对当时的社会情况进行了一次调研。调研完成以后，奥美公司得出了这样的结论：由于经济发展迅速，人们忙于追逐财富，每天所进行的事大多以工作、应酬、交际为主，很少有人静下心来读书。看到这里，很多常规的文案就会这样写——“何必忙于追名利，书中方能寻真我”“人不仅仅应该富有，还应该有卓识”。

但奥美并没有这样做，奥美的思路是：既然人们热爱追求名利，那就要工作，要工作，就免不了要与人交流。交流时总有一些博学的人喜欢侃侃而谈，说起管理，他能聊到国际各大公司的管理理念；聊到手表，他能说出手表的各项制作工艺。他们总是主导话题，充满睿智的魅力，自然这些人也更容易赢得尊重与机会。但如果你全程一言不发，岂不是显得没有文化，又得不到别人的尊重？所以，多读点儿书，才不会被淘汰。大家想一想，这样的诉求，是不是比前一种诉求更好？

当我们了解了奥美公司的文案策略以后，才发觉这样的思维才是真正的大师水平。了解了《我害怕阅读的人》，下面再来看看《安士飞甘当第二》这则文案。

作为一家创立于 1946 年的汽车租赁公司——安飞士，到了 20 世纪末，公司已经处于亏损状态，为了挽回局面，公司决定请广告大师威廉·伯恩巴克帮他们解决这个难题。

在威廉·伯恩巴克的笔下，一则这样的文案诞生了——“安飞士甘愿成为出租业的第二名”。当这则文案被当作广告投放到纽约市的大街上时，瞬间引起了轰动。一时间，安飞士成为人们热议的话题。文案推出两个月以后，安飞士公司扭亏为盈。当年的盈利达 120 万美元，第二年这个数字翻了一倍，到了第三年营业额又翻了一倍，达到了 500 万美元。

不过这则广告在撰写的过程中受到了许多内部人员的反对，因为不管在哪个时代，没有人会公开承认自己不如别人，而且消费者信赖的都是行业第一的产品与服务，怎么会有人弃第一不用而使用第二名的产品与服务呢？然而，事实证明，威廉·伯恩巴克的眼光是正确的，广告一经公布，就吸引了无数消费者的目光。

虽然一般消费者都是热衷于选择行业第一的产品，但对于行业第一产品的服务与质量他们却不一定放心，因为许多企业都是抱着这个想法，随随便便打出自家产品“在某某地方位居第一”的旗号，让消费者难以分辨到底哪个产品才是最好的。而安飞士敢于直视自己的不足，打出“甘当第二”的旗号，显出了一种包容与自信，以诚实的品质获得了消费者的认可。

从上文的内容中可以看出，文案创作者在利用消费者的思维进行思考的过程中，需要提前摸清消费者的意愿。

消费者是选择的一方，企业是被选择的一方。选择的一方拥有主动的权利，因此，他们常常可以凭借个人偏好选择产品，这也就造成了消费者的购买意愿常常是曲折、复杂的。例如，可能由于某个朋友推荐，抱着试试看的心态买上一份产品；可能由于某个突发事件，急需某件产品；可能吃完饭以后在闲逛的过程中产生了购物的念头，即便这个产品对于他来说可能并不是最优选择。

所以，文案创作者在撰写文案前，一定要摸清消费者的意愿，对消费者进行全面分析以后再动笔。

7.6 凯洛格玉米片：让消费者心动并行动

李奥·贝纳曾经为凯洛格玉米片创作了一篇文案——《这个戴着帽子的小男孩正一心一意地吃着他的凯洛格玉米片》，帮助凯洛格玉米片实现了销量的增长。

具体内容如下：

标题：这个戴着帽子的小男孩正一心一意地吃着他的凯洛格玉米片。

正文：这样可以吗？画面上这孩子的妈妈在哪里？她可能在其他的什么地方，她很放心地将他留在这里。小男孩很高兴，他用勺子把金黄色的凯洛格玉米片倒在牛奶里面。

这金黄色的东西看起来还不错，向里面倒牛奶的时候发出沙沙的声音。吃起来也可口，又薄又脆，一种甜甜的味道。小男孩正举着勺子，好吃极了！凯洛格玉米片已经有五十多年的历史了，它对小孩与大人都有一种能够激起食欲的魔力。

当画家洛科威勒为我们描画这个小男孩的时候，他努力想捕捉的神情就在眼前。或许这个场景能够给你一个提醒：快点检查一下你所藏起来的凯洛格玉米片，你已经知道它们是什么了。一旦你有一大包，接下来你要做的事就是：你将这些玉米片全部吃完，一片不留。

看完整篇文案的前半段内容，读者的脑海中就会勾勒出这样一幅景象：小男孩的妈妈与小男孩失散了，但小男孩却一点也不慌张，因为他有凯洛格玉米片，并且他正在专心品尝眼前的美食。于是读者的脑海中就会生出这样的疑问：凯洛格玉米片真的好吃吗？紧接着看完后半段文案的内容，脑海中的景象就发生了改变，读者就会生出这样的念头：凯洛格玉米片真的好吃，赶紧买几包！这样这篇文案的推广目的就达到了，让观众变为消费者，冲进商场，购买产品。

凯洛格玉米片的成功就在于提供了一种行动的力量，让用户发自内心地想要购买几包品尝一番。文案创作者撰写文案的目的不仅仅是吸引用户的注意，因为如果文案的内容只是引起用户的注意，却没能让用户从心动转变为行动，那么用户就会停留在观望的阶段，难以做出实质上的购买行为。

所以，文案创作者需要在刺激用户行动上更加努力，这一点苹果公司的文案做的尤为出色。1997 年，乔布斯再次回归苹果公司后，亲自参与创作的文案“Think Different”，以一种叛逆的形象巩固了苹果公司与众不同的品牌文化，具体内容如下：

向那些疯狂的家伙们致敬。

他们我行我素，桀骜不驯，惹是生非，就像方孔中的圆桩。

他们用不同的角度来看待事物。

他们既不墨守成规，也不安于现状。

你尽可以赞美他们，否定他们，质疑他们，或者诋毁他们。

不过唯独不能漠视他们，因为他们改变了事物。

他们让人类向前跨越了一大步。

他们是别人眼里的疯子，却是我们眼中的天才。

因为，只有疯狂到认为自己能够改变世界的人，

才能真正地改变世界。

这则文案重新定义了“疯狂”这个词，将不同于常人的疯子看作能够改变世界的天才。在当时，不仅成功引起了人们的注意，还成功地将苹果品牌与众不同的文化传递给了大众，改变了人们对苹果以往的认识，人们从先前的质疑与猜测变成了信任与期待。当然，购买苹果产品的行动力也就大大增加。

消费者从心动到行动看似只差一个字，造成的结果却差之甚多，心动的消费者往往都是理性消费的，都是在完全了解产品的信息与功能以后才会购买产品。因此，很难做出迅速购买的决定。

而消费者做出购买行为之前的时间越长，购买的不确定因素越多，成功购买该产品的概率也随之下降。

因此，文案创作者在撰写文案的过程中，需要能够为受众提供一个显著的刺激点，激起受众的购买欲望，让他们做出进一步的行动，甚至想都不用想，就知道现在应该怎么做。

7.7 江小白：年轻人的情绪饮料

在酒类产品的市场上，大部分产品对于自身品牌文化的塑造都以“高档”为主。每一家酒企在宣传产品的时候，都会格外强调自己的产品采用传承几百年的古法工艺，对于每一份原料精挑细选，历经几百道工序的层层筛选，最终酿制而成。而这些酒在以往都是达官贵人专享，几乎每一瓶酒的来历都极其不凡，于是几乎每一瓶酒都在费尽心思宣传一个不太合理的内容：它们不是普通大众喝的。

这些文案塑造的情景对于普通用户来说太过遥远，不能引起用户的共鸣，缺少亲和力。相比之下，江小白却另辟蹊径，玩出了新花样。江小白凭借对消费者的深度挖掘，用直入人心的表达，将酒定义为“年轻人的情绪饮料”，以各种在生活中浮沉的年青一代之间的情景话语，将酒包装成能“解忧”的特定消费品，加强了广告文案的受众面与契合度，提高了受众的接受率，让江小白的品牌文化深入人内心。

实际上，江小白的广告远远比它的产品出名，瓶身上的文案比酒更受年轻人喜爱，并且这种文案还是别的酒企永远学不会的。曾经有人为了集齐江小白的文案，跑遍了重庆的每个角落。下面就为大家盘点一部分江小白的酒瓶文案。

跟重要的人才谈人生；

低质量的社交，不如高质量的独处；

手机里的人已坐在对面，你怎么还盯着屏幕看；

一个人，喝酒不是孤独；喝了酒，想一个人是孤独；

兄弟间的约酒聚会，应该无关应酬和勾兑；

我把所有人都喝趴下，就是为了和你说句悄悄话。

每年，江小白的酒瓶文案都层出不穷，虽然有不少人吐槽江小白的酒味道不如其他同类酒，但这并没有妨碍它的文案受到年轻人的喜爱。这很大程度上是因为年轻人喝酒喝的都是情怀，不是味道。因此，酒味道的好坏与受众的需求并无太大的关联。所以，即便有一部分人评价江小白味道不好，但目标受众还是会心甘情愿地购买。

同时，江小白成功塑造出了三个阶段的情景，逐步帮助用户建立起饮用江小白的习惯。第一阶段让目标受众接受江小白，第二阶段让目标受众认可江小白，最后通过第三阶段让目标受众难以离开江小白，陷入江小白的文化氛围之中。那么，江小白到底是如何营造出三阶段的情景呢？下面就为大家揭晓江小白的情景塑造过程。

第一阶段，江小白采用替用户发声的模式，塑造了一种交流式的场景，让用户接受江小白。例如，“低质量的社交，不如高质量的独处”“一个人，喝酒不是孤独”“喝了酒，想一个人是孤独”等，借由这些话语替用户发泄心中积压的情感，将品牌文化刻入用户的内心。

第二阶段，江小白通过将广告文案植入到青春影视剧中，将文艺热烈的“江小白生活”灌输到用户的脑海中，让用户主动认可江小白。例如，电视剧《好先生》中“家人共饮”的场景，收获了无数观众的眼泪；电影《火锅英雄》中代表重庆符号的江小白；《小别离》中融入台词中的江小白文案，等等。

第三阶段，江小白着力于与用户互动，创造出能够让用户自行表达情感的“表达瓶”。扫描江小白瓶身上的二维码，输入想要表达的文字与图片，点击“上传”按钮，就能自动生成一个独属于你的江小白。并且如果你的内容被选中，就能作为正式产品，在全国批量上市。江小白的文案做到了让每个人都有机会成为文案创作者，每个人都能创作独属于自己的作品。

既然“表达瓶”如此“神奇”，那么我们就为大家介绍一下江小白“表达瓶”的文案制作过程，具体流程分为 4 步。

第一步，下载江小白的应用程序以后，选择上传一张背景图片（背景图片的颜色不宜过深，要明亮鲜活，给人一种视觉上的良好体验）。

第二步，撰写文案内容（这一步需要注意的是排版位置，通常情况下，文字位于左上角为最佳）。

第三步，上传文件。

第四步，确定发布（确定发布前，上传者可以预览实际的文案效果）。

借由这个看上去并不难做到的“表达瓶”，江小白化解了传统白酒行业与消费者之间的隔离感，或者说改变了白酒行业一贯的文案方式，使得用户能够通过酒实现自己的价值，能够表达自己的内心，能够与江小白一同建立一个“江小白式的青年文化”。

此外，江小白还通过制作文艺青春类型的 MV（音乐录像带），赞助 hiphop（嘻哈）演唱会，将江小白打造成一个有个性的文化品牌。例如，江小白发布了一条名为《我是江小白 2016》的 MV，在短短一个月内，点击量超过两千万次。

江小白的文案背后除了有默默耕耘的文案创作者，广大受众也成为了材料提供者，真正做到了广告文案取之不尽，用之不竭。最为重要的是，江小白的每一种文案都能塑造出某种情景，并调动用户某方面的情感。以此为突破口，江小白完成了在白酒行业的“逆袭”。

7.8 光耀城：先生的湖

国内的楼市在2008年处于低潮时期，各大房地产企业销售情况愁云惨淡。因此，在2009年，广州的光耀城一期开盘效果并不理想。为了扭转这个局面，广东惠州众望光耀城房地产有限公司决定加大宣传力度，并重新寻找一家广告公司。经过一段时间的筛选后，广东惠州众望光耀城房地产有限公司将目光瞄准了深圳黑狐奥美公司。

深圳黑狐奥美公司属于中外合资企业，其外资合作对象是国际知名的奥美广告公司。奥美广告公司隶属的WPP集团，是世界上最大的传播集团之一，在过去的50多年，奥美公司为全球众多知名品牌撰写广告，创造了无数的奇迹。与它合作的有美国运通、福特汽车、壳牌、多芬、IBM、芭比等众多大牌企业。

但深圳黑狐奥美公司面临的挑战不容小觑，甚至可以说十分艰难。广东惠州众望光耀城房地产有限公司提出的目标是：剑指深圳！然而，放眼深圳周边，众多大牌地产商星罗棋布，剑拔弩张。同时，无论是位置还是开发商的品牌，光耀集团均处于下风。所以说，这次挑战几乎不可能完成。

深圳黑狐奥美公司接到合作任务以后，对光耀城的市场进行了深入分析，并研究了受众的需求心理。在分析中深圳黑狐奥美公司发现：许多人在今天做出的举动并不期望明天立即获得回报。其实在人们寻求投资回报与满足自身使用需求之间，存在模糊地带。

在对消费者做出判断的同时，深圳黑狐奥美公司发挥了其出色的商业洞察能力：用户赚取的利益越多，越缺乏安全感；而越缺乏安全感，越期望一切顺其自然，平平安安。

因此，深圳黑狐奥美公司创作了光耀城二期广告——《先生的湖》。文案的主旨为放下功利，给自己多留一点时间，过一种平淡的生活。其具体内容如下所示。

在先生看来，有些走路只是赶路。

湖边木栈道，林间小路，连接岸与岛的桥——

不是所有的路，都是为了去到那里。

先生的湖，山下的墅，给自己多点时间去体会。

或许吧，树比董事更懂事。

在 80000 平方米原生湖畔，在湖心岛之间慢慢走，向湿地学习涵养。

在 60000 平方米山体公园，像泉一样平静，和树一起保持适度沉默。

让人宽慰的，谁说只有生意？

先生的湖，山下的墅，给自己多点时间去体会。

先生，你好。

先生的湖，山下的墅，给有所经历的人。

“在先生看来，有些走路只是赶路”“让人宽慰的，谁说只有生意？”等短短几句话就构造出一个特立独行的“先生”，为别墅赋予了一种淡然的形象。对于“先生”而言，一切都不需要刻意安排，既可以享受小路的宁静，又可以摆脱世俗的烦恼，一切都可以从容度过。与那些追求豪宅的人相比，“先生”要优雅许多，他的态度引人向往，而他所居住的别墅自然也引人入胜。

深圳黑狐奥美公司的文案赢得了一片叫好，获得了诸多广告奖项，更让光耀城二期销售业绩火爆。不过虽然取得了如此大的成功，广东惠州众望光耀城房地产有限公司却没有选择继续与深圳黑狐奥美公司合作，而是将合作伙伴换成了喔嚓广告公司。

一年以后，光耀城三期开盘，销售依旧火爆，而宣传的广告文案还是《先生的湖》。虽然这一次的文案风格并不相同，但取得的效果极其相似。同时，喔嚓广告公司与深圳黑狐奥美公司一样，都曾在中国国际广告节上获得“长城奖”的殊荣。具体内容如下所示。

要看真相吗？

撕开先生的燕尾服，满心都是伤痕。

喔噻广告公司作为三期项目的广告商继续深入挖掘市场的需求。2009 年的深圳黑狐奥美公司不断强调与大自然的情调，2010 年的喔噻广告公司反其道而行之，塑造出一个与众不同的先生形象。随着别墅面积的增大，先生的形象也由先前西装笔挺的优雅绅士转变成一个滑稽不堪的发福中年人。

透过广告，广大的消费者明白过来，“先生”也是个凡人，也是这个社会中的某个角色，诸如父亲、儿子、长辈、叔叔等，“先生”的形象随之充实起来，强大且卑微，戏剧而真实。“先生”不用依靠优美的环境，也可以单独地存在。

就文案而言，富人们看到这样的形象会感到亲切，因为“先生”懂得富人的委屈，懂得富人的辛酸，能够真正触碰富人的内心世界。人物形象的戏剧性转折，就像一幕戏、一场电影，展示着“先生”们不为人知的故事。

喔噻广告公司的文案虽然风格大变，但却使两个时期的广告展现出了一种故事连续性，遥相呼应，不知情的人甚至认为这两则广告出自同一家公司。

《先生的湖》着实令人回味无穷，无论是深圳黑狐奥美公司，还是喔噻广告公司，都展现了极为高明的洞察力。它们通过展示一个极具情景化的形象，为富人创造了一个能令他们哭或笑的别墅，让我们从中领略了广告人的智慧。《先生的湖》无疑是房地产广告中的经典之作。

第 8 章
对比思维：找到准确的竞争对手，突出自己

林丹在战胜了劲敌李宗伟后，说了这样一句话："因为有李宗伟，我的冠军才具有更高的含金量！"而在文案创作的过程中，找到一个准确的竞争对手，更能突出自己产品的优势。

本章主要通过加多宝与王老吉、神州专车与Uber、魅族与小米、去哪儿与去啊、京东与天猫这五大对比案例为读者阐述对比思维。本章中涉及的各类文案都能为读者建立独有的对比思维提供帮助。

8.1 加多宝与王老吉：一个强硬出击，一个以退为进

2015年12月，广州市中级人民做出“配方案”一审判决，王老吉胜诉，加多宝不得继续使用相同的配方。但是加多宝并不打算接受原判，于是加多宝向广东高级人民法院提出异议，起诉一审判决。

在2016年7月19日，广东高级人民法院对加多宝上诉的“配方案”做出终审判决：维持原判，驳回上诉。至此，加多宝与王老吉的配方案之争告一段落，作为事件主角之一的王老吉在与加多宝的官司中赢得了第21场胜诉。

关于加多宝与王老吉的争斗，现在看上去可能是水火不容，但其实早在20世纪末，加多宝与王老吉同属于一个品牌，曾经也拥有过一段“蜜月期”。代表它们的企业分别为鸿道集团与广药集团，当时鸿道集团与广药集团处于合作期，鸿道集团从广药集团手中获取了“王老吉”商标的十年使用权，并于2002年成功续签10年。在这个时间段内，王老吉在市场上大展拳脚，在全国范围内开展大范围的广告宣传。

在 2006 年德国世界杯期间，“怕上火喝王老吉”成为国人熟知的广告语。2008 年的汶川地震，鸿道集团捐款 1 亿元，同时推出“要捐就捐一个亿，要喝就喝王老吉”的口号，使得王老吉的品牌价值得到极大的提升。当时，王老吉的品牌价值一度达到 1080 亿元。

但“蜜月期”总有结束的时候。2010 年，广药集团状告鸿道集团，责令其停止使用“王老吉”品牌名。2012 年随着“改名案”的审判结果宣布，鸿道集团败诉，今后不得继续使用“王老吉”品牌名。

至此，加多宝与王老吉分家，并且双方陷入了长达数年之久的争斗之中。不过也正是得益于这场旷日持久的争斗，让加多宝意识到版权争斗方面很难取得优势，于是加多宝转变策略，加强文案营销的攻势，迅速取得人们的关注。而有了关注就意味着有了流量，有了流量就能带来用户的增长，销量的增长也就成为意料之中的事。

在利用文案推广的过程中，加多宝数次率先发起对王老吉的攻势，借助王老吉的品牌形象，突出自身的品牌价值。但王老吉也不甘落后，屡次反击，双方在凉茶市场中打得不可开交。接下来就为大家简单梳理一下，双方之间的文案之战，如图 8-1 所示。

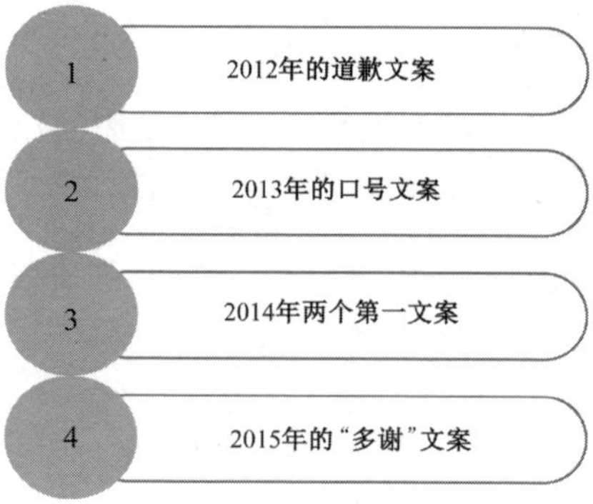

图 8-1　加多宝与王老吉的文案之战

1. 2012 年的道歉文案

2012 年“改名案”败诉以后，加多宝不准使用“王老吉”品牌名称，并被责令道歉。随后加多宝的公关团队第一时间制作了“对不起”的海报，用正话反说的方式取得了大众的同情。而王老吉则用“没关系”的海报作为回应，同样得到了大众的认可。这一阶段双方互有来回。

2. 2013 年的口号文案

面对品牌名被禁用的现状，加多宝采用了“全国销量领先的红罐凉茶改名加多宝，还是原来的配方，还是熟悉的味道”的文案内容，借助王老吉的品牌影响力，在市场中取得了不错的反响。

但如此一来，王老吉的销量势必受到影响。因为文案传达出来的意思是：你看，加多宝与王老吉是同一家公司的产品，只不过是换了个名字而已。既然是同一家公司的产品，买加多宝和王老吉不是一样的吗？因此，王老吉一纸诉状再次将加多宝告上了法院，理由是该口号具有误导消费者之嫌。最终，法院宣判王老吉胜诉。

在这样的困境下，加多宝在 2013 年推出新的广告文案“中国每卖 10 罐凉茶，7 罐加多宝”。有关数据显示，加多宝全年营业额达 200 亿元，凉茶市场占有率高达 72.9%。所以，虽然加多宝在历史地位、品牌知名度方面不如王老吉，但行业地位与市场份额却遥遥领先。因此，加多宝宣传优势、避开劣势，将自身产品在市场中位居领先地位的信息传递给消费者，意在指出王老吉的市场竞争力不如加多宝。这一年，加多宝在双方斗争中占据了一定的上风。

3. 2014 年两个第一文案

2014 年加多宝推出文案“做凉茶世界第一，打官司倒数第一”，表明在前两年的“改名案”“口号案”中，虽然打输了官司，但品质和销量仍然位居第一，而王老吉只能算是打官司厉害，品质方面不如自己。

在上面这一则文案发布以后，王老吉自然不甘示弱，针对文案内容开始反击。

王老吉在文案中以“装可怜可以，请别装正宗”表明，王老吉在凉茶行业中的品牌地位稳居第一，而加多宝不过是窃取了王老吉的品牌价值而已。并且配以法院宣判的结果“加多宝赔付 1.5

亿元”，使得文案更具可信力。

加多宝的公关团队看到王老吉的反击后迅速反应，立即推出了新的广告文案：“打官司你行，做凉茶我行”。

文案中，加多宝以调侃的方式说出王老吉在市场销售方面不如自己。面对加多宝的咄咄逼人，王老吉采取了以退为进的方式，将法院的判决结果做成海报的形式，供广大用户观看。

文案的内容通过不同的角度说明加多宝的侵权行为，让人们了解了事情的始末，将王老吉凉茶才正宗的印象再次灌输给消费者，并且在最后借用美国大法官休尼特的名言“正义从来不会缺席，只会迟到”，直指加多宝的侵权行为必然会受到法律的制裁。

这一阶段，王老吉略占上风，既打击了对手，又宣传了自身的产品。

4. 2015 年的“多谢”文案

2015 年加多宝采用全新的金冠包装，以一则名为“多谢行动”的文案，对香港、东莞、四川和北京四个地区的人们表示感谢。同时在微博上发起“多谢大 V”活动，引起了多位“大 V”的转发。这一系列措施成功引爆了金冠包装的话题，抵消了由于更换包装带给消费者的陌生体验。

而王老吉由于前几年的胜诉，放松了警惕，在加多宝疯狂推行金冠包装的时候，没有及时反制。导致其虽然赢得了官司，取得了红罐包装，但在销量上仍然不及金冠包装的加多宝。因此，这一年王老吉在文案营销方面处于下风。

从 2012 年结下恩怨，到 2016 年广东高级人民法院的终审宣判，王老吉已经成功将商标、“怕上火喝王老吉”的广告文案、配方和红罐的包装归于自身。不过加多宝并没有因为败诉而消沉，反而在败诉中反思自身，从文案营销方面强势出击，以一个个文笔犀利的文案，成功吸引了大众的关注。王老吉虽然略有懈怠，但仍然沉着面对加多宝的文案攻势，以退为进，不断化解加多宝的进攻，也取得了不错的成绩。

加多宝与王老吉在你来我往的交锋之间，创作出的文案都值得众多文案创作者学习借鉴。不过在文案营销的过程中，企业的竞争需要处于秩序之内，不能一味为了博取消费者的眼球而“野蛮生长”。

8.2 神州专车与Uber：用自己的强项攻击对方的弱项

2015年6月25日，神州专车“九宫格”文案海报成为人们关注的焦点。海报的主题为“Beat U！我怕黑专车”，以影视明星海清、顺顺留学创始人张扬和中国女子马拉松纪录保持者孙英杰等为代言人，文案内容中有“黑车、安全、私家车”等字样，剑指Uber。然而，这次神州专车主动发起的进攻性文案营销，效果不如预期。

首先，神州专车的文案中的“怪蜀黎”三个字引发了网友疯狂吐槽。原来“怪蜀黎”中的“黎”是个错别字，该词原本的用字是“怪蜀黍”，与“怪叔叔”谐音。神州专车的文案创作者却误将“黍”写成“黎”，一字之差，却滑天下之大稽。

其次，由于Uber司机当时频繁发生负面事件，神州专车原本打算以此为突破口，将自身品牌的安全、可靠性传递给用户。但由于文案中的言辞过于激烈，反而营造出了一种恶意打压对手的感觉，让许多使用Uber打车的用户感到不满。神州专车请海清代言的海报文案内容如下。

毒驾，酒驾，醉驾！

1%的风险，100%的伤害。

别让自己，

成为黑车司机的马路游戏，

我是演员海清，

Beat U ！ 我怕黑专车。

面对神州专车的“我怕黑专车”文案，Uber 并未慌乱，而是以不变应万变，等到神州专车的文案出现瑕疵以后，才主动出击，借用神州专车文案掀起的风波，顺势进行了一场文案营销。Uber 给用户设置了一则问题，如图 8-2 所示。

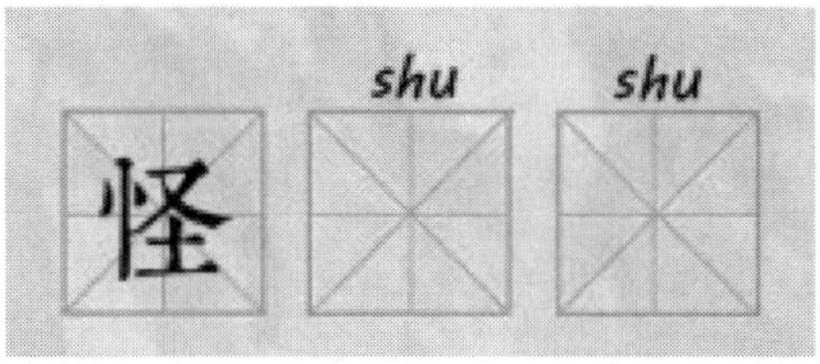

图 8-2　Uber 给用户设置问题

并在问题下配上了三个小提示与送券活动，具体内容如下所示。

友情提示：

形容男性，

第二个字是四川的简称，

第三个字不是“黎”字哟！

新用户输入此题答案，获得北京地区首次行程30元减免。

这则文案既送券又幽默，字面上没有任何恶意攻击的意味，只是带点调侃的成分。不仅转移了人们对此前Uber频频发生的负面事件的关注，还推广了自家的品牌。

此外，搜狗输入法也在第一时间蹭了这波热度，以文案“用搜狗，打对字，做对事”为自己的企业免费打了一次广告。其表达的意思是：用了我的输入法，打字很难出错。

这则文案还让两个月前Uber发过的文案也“火”了起来，网友在看了Uber两个月前的文案以后戏称：“这才是高配版吴彦祖，神州的只能算是低配版赵本山。”Uber两个月前的文案如下所示：

叫辆宝马去见前女友，司机说，“少爷我们该走了”，前女友目送我离去……

不过，神州专车似乎也明白自己引起了众怒，这次营销不仅没有达到效果，还“逆向”宣传了品牌。于是连忙在2015年6月26日晚间发布了一封号称“最诚恳的道歉信”。

在“道歉信”中，神州专车分别向网友、用户、搜狗输入法及Uber表达了歉意。在对Uber的道歉信中，表示“只要安全规范了，大家都能一起飞”，言语之间仍然暗示着神州专车的安全性领先Uber一筹，同时表明了坚决抵制黑专车的态度。最后在强调自身是安全专车的过程中，推出了“周五至周日，连送三天代金券”的补贴活动，以促进用户消费。

在此次事件中，神州专车文案中的缺陷值得我们深思。下面我们为大家总结了三点神州专车文案的不足之处。

1. 将相互攻击看成营销

神州专车的文案营销踏进了一个“死胡同”，把相互攻击与营销画上了等号。不去思考如何提高用户体验，而是把目光放到了竞争对手身上，以为只要击败了竞争对手 Uber，就可以成为市场的赢家，获取丰厚的利益。但用户的意愿给了它们重重一击，让神州专车明白了攻击竞争对手的文案是无法给企业带来品牌上的提升的。

2. 替用户做选择

关于 Uber 到底是不是“黑车”，到底存不存在安全隐患，应该由用户自行判断，而不应该由神州专车判断。到目前为止，法律上还没有对“黑车”做出明确的定义，而神州专车就举着抵制黑车的旗号，意图从心理上给用户制造压力，让用户一同抵制黑车。

但这样一来，用户就得被迫做出选择。在互联网时代，让用户感觉最舒服的一件事是自主选择产品，而神州专车恰恰让用户失去了做这件最舒服的事的权利，想要用明星与广告的力量替用户做出抉择，自然也就容易受到用户的抵制。

3. 不懂舆论

互联网的舆论，大多数时候都向着弱势的一方，越想利用社会的舆论去打击竞争对手，越容易让竞争对手获得更多的同情，让自己站在网民与用户的对立面。神州专车此次的文案，就是完全忽略了互联网舆论场的特征，挑战了所有网民的意愿。最终，踏上了一条不归路。

不过，即便神州专车“Beat U！”文案在许多人看来是一场失败的营销，因为它既攻击了对手，又损伤了自身的品牌知名度。但凡事无绝对，至少从结果上来看，神州专车的文案营销取得了一定的成功，通过这场风波让许多人都知道了神州专车的存在。对于一个文案来说，只要有人评价，就意味着文案效果并没有到达最差的程度。最差的文案是悄悄地来，又悄悄地离去，毫无存在感。

8.3 魅族与小米：用文字创意攻击对手

在 2014 年，魅族的文案团队就仿佛换了一批人一样，每一次的文案宣传都抓住竞争对手的弱点进行痛击，其中包括在 MX4 Pro 发布会上，自称秒杀 iPhone 6 的极致配置。而在魅族千元机魅蓝发布前，魅族手机官方微博连续发布五张海报，阐述千元机的痛处：“千元机就是卡？”“千元机就是慢？”“千元机就是丑？”“千元机就是小？”“千元机就是糙？”。

文案表达的意思很明确：以上千元机的缺点，魅蓝手机都不会有。但有细心的网友将这五张海报拼在一起，提取了每张海报中的关键字：“卡、慢、丑、小、糙”，连起来读，就变成了“卡慢丑，小米造”，小米似乎成为魅族的嘲讽对象。一时间，关于魅族与小米文案之争的话题层出不穷。

单就文案而言，“重新定义千元机”与“卡、慢、丑、小、糙”的大字报都与魅族手机的定位十分契合，突出了魅蓝的产品特性。“重新定义千元机”相当于委婉地说：市场上的千元机，让利不厚道，质量不保证，我魅族看不下去了，赚少点可以，但我要尽可能让利给消费者。

“卡、慢、丑、小、糙”的五个大字报就有点儿一语双关的意味了，文案内容中并没有出现“卡慢丑，小米造”六个字，但其实，明眼人看到都会笑而不语。这也是该文案最出色的地方，魅族从来没有明说过小米的不是，“卡慢丑，小米造”完全属于用户、网民和粉丝们的想象，并不代表魅族的观点。

不得不说，魅族此次的文案团队实在太过机智。而面对竞争对手的嘲讽，雷军选择了按兵不动，既不反击，也不理会，反而赢得了不少路人对小米产品的好感。与神州专车相比，魅族的文案更成功，形成的口碑也更为良好，其成功之处主要在于以下三点。

1. 合理借助对手的知名度

小米的红米系列手机在千元机的市场上基本没有敌手，可谓是混得风生水起，赚得盆满钵满。在小米面前，魅族只能算是一个追赶者。因此，放下自身的姿态与格调，转而千方百计地与小米扯上关系，不失为一种借势的方法，借助小米自带的话题性，宣传自身的产品。

2. 营造了多种需求的情景

千元机由于价格低廉，必然存在诸多缺点，而魅族的文案便是将这些缺点具象化。并且最为关键的是，具象化的缺点不单单只有一种，而是多达五种，将用户在使用千元机的过程中可能遇到的问题都列举出来，塑造了多种需求情景。

3. 合理达到了宣传效果

一个好的文案往往都是达到了企业既定的预期目标。产品的宣传是一个系统性的过程，宣传渠道、时间、产品形状和产品功能等都包括其中，其最终目的是塑造一个具有特色且能够被用户记住的形象。而文案的作用就是让这个形象丰富深刻，易于传播。所以，魅族的文案虽然引起了争议，但却很好地完成了其品牌的宣传目标：将魅族手机重新定义为一部高性价比手机。

8.4 去哪儿与去啊：制造冲突，巧嫁接

2014年10月，阿里巴巴举行新闻发布会，正式将淘宝旅行划分出去，推出全新的产品“去啊”。这意味着淘宝旅行正式成为与天猫、淘宝等同级的品牌，其战略目标是提高在线休闲度假领域的服务水平。

马云表示，之所以将品牌名定为“去啊”，意在说明只要决定出发，那么去哪儿并不重要。在此次发布会现场的PPT上显示：“去哪里不重要，重要的是……去啊。”然而，这一句平常的表述却逃不过网友的“法眼”，许多网友瞬间就发现了其中隐含的意义，这是在暗指国内在线旅游巨头“去哪儿”吗？

事实上，“去啊”和“去哪儿”两大品牌在字和音上，都太过于接近。而据“去啊”发布会的参与者介绍，“去啊”旅行总经理李少华宣讲时，将PPT上的内容说成了“去哪儿不重要，重要的是……去啊”。

作为在文案中被针对的一方，“去哪儿”当然不能沉默，于是发布了一张文案海报：“人生的行动不只是鲁莽地‘去啊’，

沉着冷静地选择‘去哪儿’，才是一种成熟态度！”，将“去哪儿”与“去啊”单独取出来，制造冲突，引起话题。

不料，这一则文案发布以后，竟然迎来了整个旅游行业的集体“跟风”。其中携程当仁不让地接下下一棒，借着老对手与新威胁的文案，顺势突出了自己。该文案海报的内容如下：“旅行的意义不在于‘去哪儿’，也不应该只是一句敷衍的‘去啊’，旅行就是要与对的人，携手同行，共享一段精彩旅程。”

除了携程，途牛的文案海报内容如下：“都别闹了！什么去啊，去哪儿，这程，那程，只信一句话，要旅游找途牛。”春秋航空的文案海报内容如下：“旅行，其实就是心灵的修行，在乎的不是去哪，也不是一时去啊的冲动，而是行程中你是否有收获。品质游找春秋。”

各家的创意文案都在这次“去哪儿”与“去啊”大战中蹭了一波热度，然而最后终结这场文案大战的不是两位主角，而是驴妈妈。驴妈妈的文案海报内容如下：“从起步到成长，真正与你同行的只有妈妈。去哪儿，听妈的。旅行不只低价，跟谁更重要。”看完这则文案，想不承认驴妈妈作为终结者都不行。

从上文可以看出一个特别的现象，与神州专车与 Uber、加多宝与王老吉等文案之争相比，为什么“去啊”与“去哪儿”大战会引起同行业的集体模仿呢？其实道理很简单，“去啊”与“去哪儿”本质上都属于电商行业，而电商行业的更新换代是极为迅速的，可能前一天你还处于巅峰，后一天就跌落低谷。如果电商企业不能被消费者记住，就会被同行“吃”掉。

因此，当“去啊”期望以创意文字的方式发起第一波攻势的时候，“去哪儿”迅速回应，而其他的同行也都不甘寂寞，纷纷推出自家的创新文案。这些文案的目的都是增加自身在消费者心中的印象，防止被遗忘。

8.5 京东与天猫：相互竞争，互利共赢

2014 年 12 月 12 日，刚刚平静的电商行业，再次被京东与淘宝点燃战火，一场文案大战就此展开。

淘宝将自己应用程序首页的八个图标改成“真心便宜，不然是狗”的文案，这个“狗”就是暗指京东吉祥物，整体文案的内容意在指出京东商品价格昂贵。不过这次淘宝的“算盘”有些落空了，不到一会儿工夫，京东也推出一则同样风格的文案，“拒绝假货，不玩猫腻”，这个“猫”自然就是指天猫，嘲讽天猫假货多。

随后，其余各大电商纷纷表明态度。京东的同盟兄弟“拍拍”出手，将图标改成“呵呵呵”，对天猫某些服务表示质疑，力挺京东。

夹在两者中间的“小弟”返利网两边都不得罪，将京东与淘宝同时摆放到页面上，并配上“都有返”，表示京东与淘宝的优惠自家都有，这在无形之中又免费借势宣传了自家产品。 作为仅次于京东和淘宝的苏宁与 1 号店，也采用“猫狗”并列的方式，

扩大自身的品牌影响。

然而，这一场大战却给当时的电商巨头亚马逊带来了很大的困扰，因为亚马逊的手机客户端是没有图标的。不过你以为这样就能难倒亚马逊吗？在绞尽脑汁后，亚马逊选择在搜索栏中添上自家的文案："你们以为我首页没有图标就不能玩了吗！"以带有一点儿自嘲的幽默感，成功引起了人们的好感与关注。

2015年11月11日前夕，这场电商巨头的文案大战还在延续。京东率先发力，向国家工商总局实名举报阿里巴巴，理由是阿里巴巴扰乱了电子商务市场，逼迫商家做出"二选一"的决策。阿里巴巴却不以为然，称此次的举报不过是"鸡举报了鸭，说鸭垄断了湖面"，并一再表态"一切选择都应该交到消费者手中"。

这场"鸡鸭"之争，让大家难以判断谁对谁错。不过京东敢于实名举报，想必是有一定的把握的，而阿里巴巴的反击也令人拍案叫绝。以"鸡鸭"比喻京东与自己，令"双十一"的话题再一次得到传播，也令这场"鸡鸭"之争的双方实现了共赢。

到了2016年，双方的争斗减少许多，转而进行了更多的合作。例如，2016年11月底，由中国互联网发展基金会、中国扶贫基金会牵头，阿里巴巴与京东发起的中国网络公益扶贫联盟正式成立。该组织的宗旨是联合全国网民与电商巨头构建一个帮助人们脱贫的有力保障。这次的合作是阿里巴巴与京东在公益方面的探索，也是双方在合作方面的探索，它不仅给双方带来了口碑上的宣传，也赢得了人们的尊重。

第 9 章
亮点思维：用创意图片塑造视觉感

一篇好文案，不仅是内容重要，好的图片也至关重要。有时长篇大论的文字描述产生的效果不如一张小小的图片，适时地为文案配一张图片，以图文并茂的方式，塑造一种极佳的视觉感，更容易赢得用户的偏爱。

当然，为文案配图并不是一个简单的任务，配图过程中需要注意的问题也很多。本章主要介绍文案应如何通过图片展现亮点，营造个性页面，打造特色，以及如何运用尺寸心理学与色彩心理学加强文案图片的亮点程度，并以 TOTO 的厕所营销为例，具体说明图片对文案的实战作用。

9.1　一张图片胜过千言万语

在伦敦的BBH广告大楼，每一台电脑的屏幕前都写着：“文字是沟通的障碍。”该公司的创始人之一约翰·赫加蒂认为，对于一个广告而言，大多数人都拒绝阅读，至少没有人会认真阅读。

没错，一张图片胜过千言万语。当读者随意翻看一本书时，往往只有有图片的那一页才能够让他停留。当读者被精美的图片所吸引时，被激发出的探究的欲望，就会促使他去看这一页的文字，或者这一本书的内容。有科学研究表明，人类对图片的记忆力要远远高于对文字的记忆力。

相信许多人都有这样的感悟：脑海中印象最深刻的广告大多数都是带有图片的，无论是视频还是海报。所以，作为文案创作者一定要尽可能在文案中添加图片，给消费者带来视觉上的冲击。因为图片的表现力往往比文字更为深刻，更能够深入人心。

耐克公司的文案广告从来不会只有枯燥的文字，都是结合视频的形式，让消费者自己判断产品优良与否。就像营销界广为流传的一句话：“只有你才能发现我的存在，只有你才懂我。”

淘宝店内很火的精油品牌“阿芙”的产品，无论是从质量、款式还是设计来说，都不一定是最好的。但毫无疑问，“阿芙”是淘宝公认的最受欢迎的精油店之一。这很大程度上得益于“阿芙”善于运用图片文案进行营销。

每一个在“阿芙”网店逛过的人，都会对其鲜明而简约的风格印象深刻。店内几乎每一个产品的上方都会配上一张契合产品风格的图片，加强精油产品情景感。例如在一张薰衣草精油的主题海报中，一位赤足少女漫步在紫色薰衣草花海里，海报中少女甜美的笑容与薰衣草的花海互相辉映，给人带来强烈的视觉冲击，留下了鲜明的品牌印象。

“阿芙”正是凭借这些富有创意的图片，给每一个进入这里的顾客带来了强大的视觉冲击力，才能让众多顾客为其倾倒，做到淘宝同类产品销量第一。

一张好的图片在文案当中能起到画龙点睛的作用，让文案“活”过来。那么到底该如何让图片“活”过来呢？这就需要文案创作者选择合理的排版方式，让图片中的图像、辅助元素与文字完美契合，呈现出卓越的视觉效果。

1. 倾斜的动感

在 2011 年 12 月的网页设计会上，有许多的网页设计舍弃了竖直排列的布局，采用了斜向排版，虽然页面看上去有些不合常规，却意外地大受欢迎。这种打破常规的排版方式，让文案的内容更加富于变化，充满了强烈的活跃动态美感，斜中有序，引人注目。一般而言，斜向排版有以下几种形式：

第一种是图像不倾斜，文字倾斜。不过文字过度倾斜容易造成读者阅读上的困难，因此，文字倾斜的角度应尽量保持在 30°以内，这也是赋予文案动感的最有效方式。

第二种是文字图像不倾斜，辅助元素倾斜。辅助元素是指背景，如设计人员为美化图片而添加进去的色块。这是只有在图像无法倾斜、文字倾斜影响阅读、版式题材不适合的情况下才会采取的方法。

第三种是文字、图像和辅助元素一起倾斜。这种方式十分考验文案排版人员的控制能力，如果控制到位，那么画面将具有前两种方式无法比拟的动态感。如果控制不好，则会导致画面混乱，让读者的阅读体验变得非常差。所以，这种方式要慎用。

无论哪一种斜向排版方法，都要注意平衡，以保证各个元素之间互相呼应，互相配合。在斜向排版中，可能还会出现图片与图片之间的配合问题，这时，更加需要注意图片与图片之间的间隔、文字与文字之间的呼应、文字与图像的位置等。务必使得图片与图片之间呈现出一种合理且舒服的排版，否则，文案的版面可能就会在倾斜中崩塌。

2. 竖向的文化底蕴

如果说斜向是新潮的排版方式，那么竖向的排版则是传统的排版方式。当一个企业需要展现其深厚的品牌文化，推广传承数十年甚至上百年的产品时，就需要借助竖向排版的方式。

众所周知，古书的书写都是采用自左至右、自上而下的排版方式。如今，人们再去观看一些自左至右、自上而下的文案时，就会不自觉将该文案打上一个具有深厚文化底蕴的标签，因为这是一种传承了几千年的习惯性认识。

所以，采用竖向排版时，往往使得呈现的内容具有一种历史厚重感，搭配自左至右的排版时，文化感更加强烈。

3. 横竖混搭

在图片板式的选择上，除了斜向与竖向，还有横竖混搭的排版方式。这种方式能够使得图片错落有致，给人一种灵动感。当用户看到这样的图片，会情不自禁地继续阅读下去。

当然，这种排版方式也并不是完美无缺的。例如，一旦横竖排版的位置不够协调，就会让画面出现违和感，展现的内容毫无规律，没有重点。所以，在进行横竖排版的过程中需要注意横竖向的比例协调，既不能让横向内容过多，也不能让竖向内容过少。

9.2 用个性页面做特色设计

平面设计大师乔治·路易斯的作品刊登数量累积超过一亿次，他曾经为《风尚》杂志设计了 92 个封面，每一个封面都引起了众人的争论，同时也为该杂志吸引了大量的新用户。

为此，《印刷》在对乔治·路易斯的介绍中专门写下了这样一段话：如果说平面设计中有哪些作品能够被视为传世的珍品，那么由乔治·路易斯主导的《风尚》封面将当之无愧，这些作品是令人无法忘却的。更重要的是，这些作品帮助《风尚》成功扭亏为盈。

在乔治·路易斯为《风尚》设计封面之前，《风尚》杂志经常出现财政赤字问题，而在 5 年之后，该杂志盈利超过 300 万美元，这在当时可是一笔十分可观的收入。毫无疑问，乔治·路易斯功不可没。

在这一系列具有鲜明个性标签的封面中，最让人印象深刻的是一位黑脸圣诞老人。这是乔治·路易斯为了庆贺圣诞节而特意设计的封面。这个戴着白边红帽、黑人脸庞的圣诞老人的诞生，令世人震惊不已。

当时的美国正处于“黑色革命”之中，黑人渴望平等的呼声越发高涨，黑脸圣诞老人的出现则无疑是对“黑色革命”的一种支持，而《风尚》杂志的读者大多数都为白人群体，不得不说这在当时是一个极其冒险的举动。

好在机遇与风险是成正比的。后来的结果证明，这样的封面是值得被人们喜爱的。纽约城市大学亨特学院的一位教授来信，赞美其为自毕加索的格尔尼卡（毕加索的格尔尼卡是以西班牙内战为主题，将具象的手法和立体主义的手法相结合，借用几何学原理，以激动人心的形象艺术语言，控诉战争的野蛮与暴力）之后，造型美术史上最伟大的作品之一。

黑脸圣诞老人的成功之处在于塑造了一个迎合时代的形象。将黑人与圣诞老人结合起来，将白人群体最熟悉的人物赋予黑人的脸庞，寓意着黑人与白人处于平等的地位，提高了《风尚》的品牌价值，使得这一封面成为不朽的经典。

图片的排版不论是好是坏、是奇是凡，都是为了展现某件产品或某种服务的一种设计与声明。它应该能够让用户在读完内容以后获取产品的相关信息与品牌文化，同时知道生产该产品的企业是哪一家。但大部分文案创作者对于到底该如何运用图片构思出一种具有产品个性的文案毫无头绪。

很多文案创作者会在图片中添加一行行的说明文字作为主要

内容，或者配上一大片与主题相关的图像。这种方式与其说是有创意、有个性，不如说是在“自嗨”。文案大师詹姆士·伍尔夫认为，只有熟练掌握文字和构图技巧，才能自如地传递文案创作者的创意和本意，才能让文案具有令人眼前一亮的吸引力。

然而，到底该如何结合文字与图片呢？这就对文案创作者提出了更高的要求。其实，在文案的创作过程中，文案创作者可以结合企业的文化、产品的特性和领导人的形象等特点，为文案的页面赋予独特的文化与标签，使得产品在众多的竞争者中脱颖而出。

例如，苏宁任命书文案就是一个不错的文案。

苏宁在“双十一”前夕推出了一个令广大网友诧异莫名的消息：苏宁聘请李斌为第一任首席惊喜官，任期为 11 月 4 日至 11 月 12 日，任职内容是令广大用户满意。这样一篇带有娱乐性质的任命书文案在推出后不久迅速占领了各大新闻头条，吸引了众多用户的注意。

这份文案的成功之处在于开辟了一种新潮的文案页面，用一种不同于以往电商行业文案的全新方式，将苏宁“一切为了消费者”的品牌价值凸显了出来。虽然内容不多，也没有各种优惠力度的介绍，但结构依然完整，品牌价值依然能够得到展现，可以说是麻雀虽小，五脏俱全，既博得了用户的关注，又达到了营销的目的。

无论是利用文字对产品信息进行解释，还是运用视觉图像和各种符号表现产品特点，都是为了传达企业产品的鲜明特性。如果在一个文案中，文字与图片的搭配十分完美，将文案的视觉效果表达到极致，那么这样的文案往往具有一种充满吸引力的特质，能够获取极大的关注度。

9.3 尺寸心理学：利用图片尺寸设计出诱人版面

在一篇文案中，为了使得宣传的效果达到最佳，文案创作者往往需要借助一些图片进行宣传。当然，这并不意味着随随便便插入几张图片应付了事。无论是哪一张图片，都要讲究视觉比例，一个具有良好视觉比例的文案会让用户赏心悦目，宣传效果也就得以保证。下面我们介绍如何设计一个具有良好视觉比例的文案。

1. 图片的裁剪

图片裁剪就是将文案的图片裁剪得符合比例，使得文案的文字与图片相协调。当文案创作者设计了一张图片，或者好不容易找到一张符合文案内容的图片时，文案创作者需要考虑的是如何将该图片插入到文案之中，使得文案具有一种整体的美感。如果文案内容较短，我们自然需要对图片进行裁剪。

具体步骤如下：

第一步，下载一个图像处理软件。使用较多的有 Photoshop 与 Fireworks，此外，QQ 也具有图片裁剪功能。文案创作者可根据个人喜好或者熟练程度，选取某个裁剪工具。

第二步，利用图像处理软件打开需要裁剪的图片，找到裁剪的工具。

第三步，选中需要裁剪的内容。

第四步，裁剪。如果裁剪的内容不止一处，可分批进行裁剪。

第五步，处理裁剪。裁剪完成以后，会破坏图片原先的整体协调性，因此，通常都会利用图像处理软件对图片进行处理，保证图片整体的协调性。

第六步，保存图片。这一步一定要牢记，否则，前面的努力就会付诸东流。

2. 图片与图片间的比例

当一篇文案中插入多张图片时，文案创作者就需要考虑多张图片的比例是否协调。一般，文案中图片的比例需要一致，给人一种整齐划一的感觉。不过，图片比例上的整齐划一并不是一种“万灵药”，它并不适合所有的情况，有时整齐划一的比例反而会给用户一种呆板的感觉，不利于调动用户的阅读积极性。

所以，图片的实际比例大小要视产品的情况而定，只要图片的比例符合视觉舒适的标准，就达到了比例协调的标准。

3. 图片的数量比例

文案中使用的图片数量没有具体的限制，针对产品特点、宣传目标、企业文化和用户群体的不同，图片的数量会有很大的变化。例如，南孚电池的文案图片有九张，而苏宁的任命书文案图片只有一张。

这两则文案都是根据各自的文案诉求选取的图片数量，南孚电池公布了九种色彩的电池产品，因此，文案需要九张不同颜色的图片。而苏宁只需要推广品牌理念，因此，一张图片足矣。

4. 图片与文字的比例

之所以在文案中加入图片，是因为图片具有纯文字无法比拟的趣味性，可以削减纯文字带来的乏味感，避免审美疲劳。然而，虽然图片的益处如此之多，但并不意味着越多越好。

一篇优质的文案，文字数量与图片数量必然相得益彰，既需要文字对产品进行全面的介绍，又需要图片及时补充不足的部分，这样的文案发挥出来的效果才是企业所追求的。

5. 图片的位置

心理学家哥斯达认为，人们在浏览版面时，对上部的关注度比下部的要高，对左侧的关注度比右侧要高，因此，版面的左上角被称为最佳视域。所以，在设计文案的版面时可以在左上角放置最为核心的内容，引起用户的注意。当然，这只能作为一种参考意见，而不能作为一种绝对可靠的方法或者理论。

6. 留白与内容的比例

纵观任何一份经典的文案，其版面绝不会将所有的空白都填上文字与图片，也不会将文案表现得如泉水一般透彻，而是会留出大片空白之处，让用户有短暂的思考空间，决定到底是不是购买该产品。

相信大家都浏览过网上产品的网页，当你浏览到一个排版密集，不留空白的网页时，你肯定会觉得：这个网页到底讲的是什么，怎么连产品的介绍都找不到，算了不看了。甚至当你看到这个页面的第一眼时，就会毫不犹豫地将它关闭。所以，适当的留白对于文案来说必不可少。利用留白营造一个视觉焦点，才能吸引用户的注意力。

9.4 色彩心理学：巧用色彩中的“魔力”

文案的设计中，除了要选择图片的形状、位置和大小，还要选择色彩。色彩是文案设计的生命线，能够带给用户最细腻、最微妙的感官体验，也是文案中最能体现创作者功力的部分。

在文案界有一个著名的“7 秒定律”：人们在 7 秒内就可以从广告中判断是否有购买商品的意愿。而在这 7 秒内，色彩起到的作用高达 67%。因此色彩运用得当，就能够抓住用户的心。下面为大家介绍 4 个运用色彩吸引顾客的餐厅案例。

1. 莫斯科 Obed Bufet 餐厅

莫斯科 Obed Bufet 餐厅采用温暖的糖果色，创造出轻松舒适的环境，令甜点店铺充满了童话色彩。

2. 香港 The Ocean 餐厅

香港 The Ocean 餐厅采用深浅不同的蔚蓝色与暗黄色，既凸显了餐厅的主题——海洋，又营造出高雅的韵味，同时搭配木质的餐具，很好地平衡了蓝色所带来的低食欲问题。

3. 香港 Secret Bar 爵士酒吧

香港 Secret Bar 爵士酒吧采用紫色与奶油色，鲜红色与古铜色这四种颜色的混搭，彰显了绅士的餐厅主题，营造出一种神秘的朦胧感，提供一种特别的视觉体验。

4. 韩国的 Coco Bruni 咖啡馆

韩国的 Coco Bruni 咖啡馆采用黑白混搭，营造出一种精致高端的氛围，给人一种优雅大方的感觉。

以上 4 家餐厅通过对色彩的运用，成功吸引了众多的顾客光临，以一种没有文字的文案形式推广了餐厅的品牌与服务。当然，这种方式有一定的局限性，只适用于一些实体店的经营，对于电商则不适用。所以，对于具有文字的文案，色彩的挑选更为重要。

虽然文案可以使用的色彩多种多样，但目前大多数文案创作者更倾向于使用鲜艳明亮的颜色，他们通过不断增加色彩的层次，使得这些色彩的亮度与饱和度得到提升。同时，文案创作者更多地采用纯色、同类色。有研究表明，纯色调的打底已经成为一种流行趋势，更容易受到用户的欢迎。

这主要是因为纯色能够带给读者一种独特的感受，达到一种极富冲击力的视觉效果。文案中的色彩会给用户营造出一种交流的感觉，这种感觉是用户与文案互动的源泉。通过文案中的色彩，用户能够与文案的内容实现某种情感的交流，这是一种深刻且稳定的心理体验。

除此之外，即便要选用不同色调的配色，也要尽量避免三基色搭配，即正红、正蓝、正绿，应选择相似的色调和饱和度，也就是同类色。

一般而言，在同类色中最受用户欢迎的是蓝色，不过，黑色搭配其他的流行色也常常为文案创作者所钟爱。另外，还可以利用少量的色彩变化，实现色彩渐变的效果。例如，蓝色配绿色，可以实现蓝绿色渐变的效果。

文案创作者在为文案图片配色时，需要保证图片的内容与配色相匹配，引导用户关注文案。如果想要达到更好的效果，可以尝试选用暖色调，如黄色、红色、橙色等，传递一种正能量。到底该如何搭配色彩呢？下面将为大家解析色彩的“魔力”。

1. 黑白搭配

文案中的色彩只选择黑白两色，这类搭配要求文案的图片要简洁，需要营造一种简约、干净的风格。因此，在黑白色搭配的文案中应尽量少用线条和色块，不能出现线条繁杂、纷乱的图片。

这是因为黑色与白色属于十分经典的颜色，应用十分广泛。除了耐看，黑色和白色还能塑造出一种高端、典雅的气息，而高端、典雅就意味着不能出现比较前卫的斜向线条与波浪色块等。

2. 双色搭配

双色搭配与黑白搭配有所区别，它不是固定只能使用两种颜色，而是主要使用某两种颜色，以其他的颜色作为辅助。

例如。我们使用白色与粉色进行排版，这两种颜色一个属于冷色调，一个属于暖色调，但给人一种不是十分舒服的感觉，而背景颜色掺杂了一些暗紫色，起到缓和作用，使得冷暖色协调一致，突出了所要宣传的内容。

从心理学的角度来讲，鲜艳明亮的颜色能够使得用户身心更加愉悦，使得整个宣传文案充满活力，因此，创作者应该多使用亮色系和暖色系的颜色进行排版。此外，创作者在策划双色搭配的文案时，应该重点考虑颜色的选择。所选颜色最好具有鲜明的反差，突出重点。同时背景颜色与字体颜色不能十分接近，否则，用户在阅读过程中会十分费神，影响用户的阅读兴趣。

3. 三色搭配

三色搭配是指文案中主要使用三种颜色进行排版。

例如，使用白色、黄色和棕色这三种颜色进行排版，这三种颜色都属于暖色调，不会给用户带来凌乱的感觉。与双色排版一样，三色排版也应该注意颜色的选择和搭配。

要想策划出一篇优质的文案，创作者往往需要具备一定的色彩知识，能够充分理解各种颜色的搭配效果。如此一来，就能增加文案的审美性和可读性，使文案更加出彩，使宣传效果尽可能达到最佳的状态。

9.5 TOTO：传播厕所文化，在机场开设公厕画廊

2015 年 4 月，坐落在日本成田国际机场的 Gallery TOTO 卫生间正式对外开放。它位于日本成田国际机场第二航站楼连接走廊的休息区。这是著名建筑事务所克莱恩·戴瑟姆建筑公司为 TOTO 公司设计的创意，旨在展示 TOTO 公司的马桶产品的强大技术与企业文化，这是一个面向全球观光者的展示平台，详情如图 9-1 所示。

图 9-1 Gallery TOTO 体验型卫生间

在解答 TOTO 公司为何要设计这样一个奇特的卫生间之前，我们首先需要了解一下 TOTO 公司的现状。

成立于日本福冈的 TOTO 公司是一家以厕所产品为主导的企业，旗下的温水洗净式智能坐便器更是深受日本用户的喜爱，普及率高达 77.5%，甚至比智能手机的普及率还略胜一筹。然而该产品在海外第一市场中国却遭遇了“滑铁卢”，其普及率只有 3%，其他同类型的高端产品也是如此。在中国市场，TOTO 公司遭遇了极大的危机。

为了扭转这个现状，拓展海外用户，增加企业利润，TOTO 公司开始致力于加强其高端产品在中国的普及率。一般来说，最直接的方法是对用户的购买体验进行优化，如赠送一些后续保修服务、送货上门、打折促销等。但这种方法只能提高用户的购买满意度，却无法提高用户的使用满意度，更无法为企业赢得核心用户。

企业的核心用户在意的是该产品能否为他们的生活和习惯带来更好的改变，能否让他们得到一个满意的使用效果。想要做到这一点，TOTO 公司需要提供给用户能够随意体验其旗下产品的渠道，确保用户能够真实感受到 TOTO 公司产品的便利性与舒适度。

确定了方向以后，接下来 TOTO 公司需要考虑的是渠道选择的问题。既然是厕所产品，体验渠道自然非厕所不可，而家用的私人厕所传播范围极其有限，不能形成广泛的推广，因此，公共厕所成为首选。于是，TOTO 公司聘请克莱恩 • 戴瑟姆建筑公司为其设计厕所外观。

但此时又出现了一个新的问题，厕所的选址该如何确定？为了解决这个问题，TOTO 公司采取了与威廉 • 布拉顿同样的处理方法，将关于地址的复杂问题细化为两个小问题。第一个问题是需要确定地址的类型，如公园、湖边、景点等。

首先，地址要选在一个人流量大的公共场所。其次，这个场所要干净整洁。譬如，厕所选择地是一个公园，但公园的环境脏乱差，那么即便厕所内部的设施很完善，外观很优美，也很难吸引大量的用户。最后，这个场所需要有众多的中国用户经过。

TOTO 公司经过一番思量以后，终于确立了选取的地点——机场。机场的所在地完美地满足了以上三个条件：首先，机场的人流量巨大，每天来往的人不计其数；其次，机场的环境卫生都极为优良，公共环境舒适；最后，每天来往于中日之间的中国用户众多。

地址类型选取结束后，TOTO 公司便开始着手解决第二个问题：选取哪一个地区的机场最为合适？这时，成田机场进入了 TOTO 公司的视线。

为了迎接 2020 年的东京奥运会，成田机场进一步完善了基础设施，放眼整个日本国内，再也找不出几家环境能与“成田”媲美的机场。而奥运会的到来，必然会吸引无数的国外游客，这又能给 TOTO 公司的产品带来广泛的传播。因此，选用成田机场作为厕所的地址也就顺理成章了。

Gallery TOTO 落成以后，作为一种未来式的体验型卫生间，不仅具有艺术美感，而且设计巧妙。通过在四周的墙壁上安装视频展板，提升了空间感，让人仿佛置身于艺术画廊，感受美感与现实的交错，获得一种无与伦比的舒适感受。

同时，Gallery TOTO 的壁面装有 LED 屏幕，使得每一个走过通道的行人都不自主地将目光转向独特的影像屏幕上。实际上这并不是一个半透明的空间，只是一个屏幕上的影像。

设计师之所以如此设计，主要是想将人们从封闭的厕所中解放出来，获得一种不一样的如厕体验。为了增强这一效果，LED 屏幕上的人影能够动态表演，从站立到走动，从跳舞到群舞。这样的画面能带给人短暂的记忆停留，留下想象的空间和不一样的视觉体验。

该创意荣获了“日本厕所大奖”。在厕所文化博大精深的日本，该奖项对于 TOTO 而言，无疑是一种极大的褒奖。

Gallery TOTO 内部共有 10 个隔间，包括 4 间男厕所、4 间女厕所、1 间哺乳室和 1 间多功能室。里面都配备了坐垫、温水冲洗功能、完善的消毒与除臭措施，这些最先进的如厕设施，能够保证用户在如厕时无须动手，全程感应式一体化操作。除此之外，内侧的壁面上也装饰了日本标志性风景壁画，如富士山全景图。

TOTO 公司借助 Gallery TOTO 向世人展示了智能化的全自动马桶、感应龙头等多项承载了 TOTO 最新技术的尖端产品，并将动态壁画的创意融入其中，以动态的图片成功抓住了人们的眼球。

TOTO 公司用一种极具亮点的思维方式，为厕所赋予了良好的视觉感。在成田机场打造出类似画廊的公共厕所，为企业高端产品的宣传带来了新的活力，为企业的品牌文化增添了新的元素。

第 10 章

类比思维：提高文案附着力，与旧东西建立联系

旧的东西容易引起人们的怀念，往往也较容易引发用户的共鸣。因此，将文案与“旧东西”建立联系，形成类比，就能提高文案被用户接纳的程度。南方黑芝麻糊的广告文案就是如此。当然，只是扯上“旧”，而不能将文案的内容与“旧”完美衔接，反而会造成牛头不对马嘴，文案的效果也会大打折扣。所以，文案应当有计划地与“旧东西”建立联系。

本章主要从提升用户对产品的记忆力出发，加强客户与熟悉事物的联系，让读者能够轻松理解类比思维。

10.1 加深用户对产品的记忆

一般来说，用户停留在文案上的时间不超过十秒，而眼睛接收信息到传递大脑大概需要两秒，因此，一个文案的内容留给用户的反应时间只有八秒左右。在这个过程中，如果文案的内容不吸引用户，不能给用户留下深刻的印象，那么这则文案很可能是失败的。

想要提升用户对文案的印象，加强用户对产品的记忆力，文案创作者可以从以下三个方面入手。

1. 分享性

文案推广的目的是让用户或潜在用户对某种产品或服务有所了解，因此，如果一篇文案能够得到用户的主动推荐，那么宣传的效果就会大大加强。一篇高质量的文案会受到众人的追捧，尤其是在这样一个信息发达的时代，人人都能成为广告的传播者，利用好这一特点就可以使文案得到最大限度的传播。

例如，前文中提及的网易云音乐文案、江小白文案、New

Balance 的“致匠心”等都是极具分享性的文案。其实，被大多数用户认可的文案内容都能让用户觉得很有意思，并且有实用性。这样的文案就很有可能被用户主动分享出去。当文案中宣传的产品真正解决了某些用户的问题时，他们就会对当初宣传这些内容的文案抱有好感，接着他们又会继续分享，完成更大范围的传播。

那如何才能让一篇文案具有分享性呢？

首先，一篇文案完成以后，首次发布的地点选择十分重要，因为它直接决定着文案会有多少用户浏览。一般情况下，网络上的首次发布要选择一些行业内靠前的平台，如微信公众号、微博、淘宝等，现实生活中的发布地点要选择一些人流量大的地区，如商场、地铁、公园等。

其次，文案的标题要夺人眼球。在文案内容不变的情况下，题目可采用夸张、争议、反转、疑问等表达方式，以增大点击率。因此，文案创作者可以适当做一个“标题党”。

最后，人们往往喜欢谈论时效性较强的信息，借此彰显自己知识渊博。因此，文案常常需要借助热点事件，以此作为文案的主题，就会增加被用户搜索到的概率，文案的内容也会随着热点传播得更为迅速。

要想让用户主动宣传文案，所写的文案不仅要质量上过关，还要处理好细节问题，例如选择合适的时间和地点，这样的文案才会被更多人分享。

2. 可读性

文案的可读性直接决定着这篇软文的阅读量。体现到内容上，就是文案在整体的布局上需要具有出色的视觉效果，能够让读者读完文案以后有一种舒适的感觉。

举一个生活中的例子，在我们上小学的时候，每一位语文老师都会强调，写字要工整、干净，特别是在写作文时。假如两篇作文在文采上不相上下，但一篇字迹工整、页面干净，而另一篇字迹潦草、页面涂画严重，那么毫无疑问，第一篇作文的得分会更高。在文案内容的整体布局也是如此，排版得当的文案更容易吸引用户的注意。

3. 简短性

最近几年有些短篇小说非常流行，例如一些“睡前读物”，里面的故事内容很短，几分钟就可以读完，很多人都喜欢睡前读上几篇，舒缓一下压力。现代人的节奏很快，没有空余的时间去浏览过多的信息，而顺应时代发展的“睡前读物”无疑满足了现代人的需求。

文案的创作也是如此。尽量采用简短鲜明的文字表达观点，同时借用图片起到画龙点睛的作用。如沃尔玛的广告文案，“别赶路，去感受路”。

虽然沃尔玛的广告文案只有简单的一句话，但就是这一句话却能令人仿佛置身于沃尔玛超市之中。在这座庞大的超市之中，每一条交错的商品道仿佛都变成了一条条不见尽头的公路，令人惊叹。

此外，央视的公益广告“门”，也让人动容不已。

“门外世界，门里是家”。离家的孤独与归家的温暖交织，完美诠释了此次公益广告的主旨，再现了人们心里那些柔软的记忆和对家门的情感。

文案的简短性不仅要追求文字上的少，还在此基础之上要求文案的内容图文并茂。但需要注意的是，每个图片下所配的文字不宜过多，两三句话或者是一小段话足矣。

10.2 与熟悉事物进行连接，让用户买账

有些文案，用户看了以后，就会立即购买产品。而有的文案，用户看完以后扭头就走。个中缘由其实并不难理解，就是因为文案让用户产生的熟悉度不一样。为了能让文案最大限度地引发用户的熟悉感，文案创作者可以从以下几个方面进行思考。

1. 寻找相似性

国庆佳节到来之际，家乡是湖北武汉的小许登上了回家的列车。火车开动后不久，小许身旁的一个中年乘客主动与他搭讪，小许礼貌地回应，但并没有热情攀谈。后来，在一次关于目的地的交谈中，中年乘客透露自己将前往老家湖北武汉。小许立马感觉眼前的人亲切了许多，态度也热情不少，两人在列车上相谈甚欢。

这样的例子在生活中并不少见，出门在外遇见老乡倍感亲切，这是每一位离乡者都拥有的情绪。在文案创作中寻找与用户的相似性也是如此，假如文案的内容与用户的某些经历很相似、某些

想法很相似等，就很容易让用户产生熟悉的感觉。

马丁·路德·金的《我有一个梦想》为什么能赢得如此多黑人的支持？因为这篇演讲让他们感受到了相同的渴望、相同的命运和相同的不甘。黑人渴望种族歧视消失，渴望得到公平的待遇。而《我有一个梦想》的内容正与这些需求相契合。

罗永浩说：“我们都是有理想有情怀的人。”这样一来就迎合了那些有理想、有情怀的人，他们感觉自己与罗永浩是相似的，是同一类人。仅凭这句话，罗永浩就成功收获了很多粉丝。

相似的地点与兴趣是文案中常用来提升熟悉度的方法。当然，在文案中使用相似的语气与行为来创造熟悉度，也值得推荐。文案创作者可以尽情发挥自己的创造性，最大限度地提高文案的熟悉度。

下面为大家介绍一些创造相似性，提高熟悉度的方法，分别为情境塑造、思想撞击、相同愿望和故事化，如图 10-1 所示。

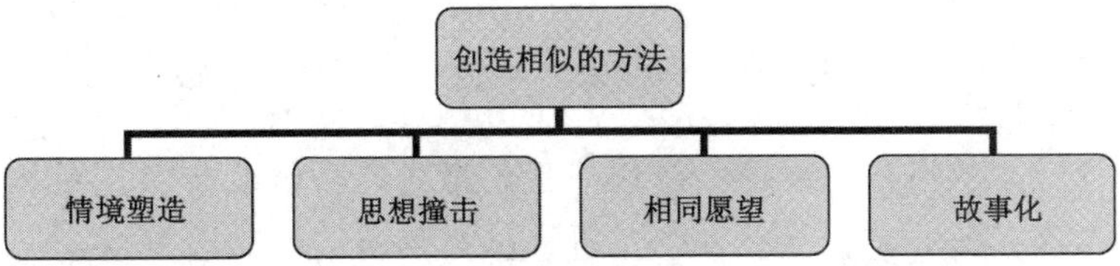

图 10-1　创造相似的四种方法

第一，情境塑造。在特定的情境下，人的感情往往更容易被触发。因此，创作者可以通过塑造用户曾经经历过的特定情景，引发用户的情感波动，从而提高文案与用户的相似程度。

国内最大的健身类应用程序 Keep 推出了一则广告：哪有什么天生如此，只是我们天天坚持。Keep 就是通过塑造一种努力向上的情景，让每一位使用它的用户都能感受到相同的追求。

第二，思想撞击。在金庸先生的小说《雪山飞狐》中，有这样一个令人印象深刻的情节：胡一刀虽与苗人凤为敌，但在与苗人凤一次次的交手中，愈来愈敬佩他的为人与武功，最后两人化敌为友。这两人在交手的过程中找到了彼此的相似之处——皆是侠义之人，故而彼此互相认同，这就是一种理念上的相似。

所谓不同之中亦有相似之处。所以，有时候文案创作者也可以将文案塑造得与众不同，与市场中大多数的文案格格不入，这样一来就有可能吸引到特定的粉丝。

第三，相同愿望。不可否认，每个人心中都会有愿望。而愿望是每个人心中最美好的部分，也是最容易引起共鸣的部分。例如，步步高点读机的文案是，“用步步高点读机，妈妈再也不用担心我的学习”。这则文案推出后，步步高点读机表达的愿望与广大家长望子成龙的愿望不谋而合，点读机的销量也因此大增。

第四，故事化。所谓故事化，就是指为产品创造一个故事，以趣味性拉近与用户的距离。这种营销思维也被广泛用于电商平台。例如，三只松鼠借着松鼠与坚果之间的美好故事，让用户在这种故事化的文案中找到共鸣点。

2. 寻找共同敌人，鼓舞人心

有人说，女人与女人成为好朋友有两个条件：第一，有相同的爱好；第二，有共同的敌人。其实，文案创作也是如此。假如用户与文案都有共同的敌人，必然能够得到用户的关注，因为敌人的敌人就是朋友。

当然，光找到与用户共同的敌人还不够，因为这并不能保证用户真心喜爱你的产品。为了让用户产生的认同感更为持久，文案创作者还必须对用户进行鼓励，确保用户一直处于认同状态。

2016 年 1 月 10 日，一篇名为《携程在手，说走走不了》的文章在朋友圈得到广泛传播。撰写这篇文章的主人公是一位姓傅的先生。此前傅先生在携程网预订了一张 2016 年 1 月 7 日自日本东京飞往北京的机票。但当他于 1 月 7 日到达东京羽田机场准备登机时，却被告知机票无效。傅先生有些纳闷，因为携程网上显示一切正常，购票成功，票据也可查证。于是，傅先生带着疑问连忙联系日本航空驻中国公司。公司给出的解释是“该机票并非日本航空出售，其兑换机票公司为英国航空公司，而且目前该机票已经取消”。

当这篇文章在朋友圈发布后，引起了很多有着相同遭遇的人的共鸣。陆陆续续有人指出，这种“走不了”的情况他们也遇到过，而且并非携程网一家独有，其余的一些互联网购票平台也出现过类似的情况。

因此，傅先生的文章发布后，立即得到了大批网友的关注与支持。

同理，文案创作者在策划文案、推广产品时，要通过对产品和用户的准确定位，寻找和用户共同的敌人，并在这个过程中对用户进行一定的鼓励，给予其美好的畅想，使得用户对产品具有更强的认同感。

3. 不合理

有一位心理学家曾找来 125 名数学系的学生，并为这些学生提供了一条信息，该信息的内容是“数学系 200 人，社会学系 800 人。学校理事会的 10 名代表将从数学系学生中抽取 2 位，其余均为社会学系学生”。然后，心理学家给这 125 名学生布置一项任务：自愿挑选队友。最后挑选的结果显示，这些学生挑选队友的标准和队友归属的院系并无明显关系。也就是说，这些学生在挑选时完全随机，没有明确的群体偏好。

接着，心理学家进行了第二组实验。研究对象依然是这 125 名数学系的学生，不过提供的信息发生了变化。这次的信息内容是“假如数学系学生与社会学系学生一样多。但理事会的人数保持不变”，然后依然让这些学生各自挑选队友。而这次的结果是，大多数数学系学生都选择了数学系的人作为自己的队友。

他们给出的理由是在数学系与社会学系总人数相同的情况下，学校却给予社会学系更多的理事会名额，这是不合理的。在这种情况下，数学系的学生感觉受到了不公平的对待。因此，他们更愿意团结起来，选择更为熟悉的朋友作为利益共同体。表现在行为上就是他们更愿意选择同系的同学作为队友。

10.3 在已有概念上插上产品“旗帜”

当你需要向人们介绍蜜柚时，你或许可以这样说：“蜜柚是柑橘类水果中个子最大的，它的外皮很厚很软，十分容易去皮。去皮后，内部的果肉呈浅黄色，当然也可能是珊瑚色，多汁富含水分，味道是带有一点点辣味的酸甜。”

接下来看看另一种介绍：蜜柚大致是一种外皮很厚、很软的超大葡萄柚。

与第一种介绍相比，第二种介绍无疑就显得高明许多，它相当于在你的脑海中已有的“葡萄柚”形象上重新插上了一面“旗帜”，这面“旗帜”就是蜜柚。当你将蜜柚与葡萄柚联系到一起后，脑海中构建蜜柚的形象时就会下意识联想到葡萄柚的样子，然后不断完善蜜柚的形象，直到两者的差别逐步形成：蜜柚的尺寸更大。

“100 克的鱿鱼干中蕴含的胆固醇高达 871 毫克”与“一口鱿鱼干等于 20 口肥肉”相比，显然后者给人的印象更加深刻。因为大多数人对于“871 毫克的胆固醇”并没有准确的概念，甚至对于它的认识仅仅停留在胆固醇过高对身体不好上，但对具体多少才算高却不是很清楚。而肥肉却是每个人都熟悉的事物，对于它对人体的影响也是耳熟能详的。

除此之外，对比一下三星笔记本与小米笔记本的文案：三星 Notebook“超轻薄机身”与小米 Air“像一本杂志一样轻薄”，后者就采用了与蜜柚一样的文案思维，在消费者脑海中已有的概念“杂志”上插上产品“旗帜”，让人们对小米 Air 的厚度和重量都建立起一种具体的形象认知。

三星的 Notebook 笔记本虽然主打轻薄机身，但全文只是在干枯地叙述，并没有将其形象化，用户浏览完文案以后，心中对于 Notebook 笔记本的认识依然停留在前文中提及的低认知模式，脑海中的形象十分空洞，看完以后的大多数反应是“不错，很轻，很薄”，除此之外就没有更多的感觉了。

而小米的文案将 Air 笔记本具象为像一本杂志，人们对于薄的形象有了具体的参照物，并清晰可见。看到这里，也许许多人脑海中会产生这样一个疑问：三星的文案中将轻薄用千克与毫米表示，这样一个人们生活中常见的度量单位，为何效果却不如小米的文案呢？

原因很简单，因为虽然千克与毫米是常见的单位，但由于这种数字化的表述比较抽象，人们反而没有什么具体概念。所以，三星的文案略输一筹。假如三星的 Notebook 笔记本文案将其比作 60 个鸡蛋重、半个指甲厚等，让 Notebook 笔记本变成了一种可接触、可触碰的事物，宣传的效果可能会更加出众。

每一个用户对产品的熟悉度是不同的，这个程度受到爱好、兴趣、性别和地区等因素的影响，而如果想要更为高效地吸引用户，就必须将产品的形象代入到人们所熟悉的事物当中，针对不同用户人群的偏好去设计文案的内容。一般而言，用户群体大致可以分为三类：年轻人、中年人和老年人，针对这三类用户对产品的认知度进行文案的创作。

1. 年轻人的新常态

年轻人接触的新事物较多，对网络依赖度较高，生活已经与网络融合到了一起。因此，受众为此类用户的产品需要更多采用网络新词、热点新闻、社会关注事件等内容吸引关注。

2. 中年人的理性消费

对于大多数中年用户而言，他们已经不再追求产品的奢侈程度与外观样貌，而是更多追求商品的实用性。如果实用性较差，那么无论产品的外观多美好、款式多新颖，中年用户也不愿为其埋单。要想让你的文案能够征服中年用户，那么文案一定要具有理性的思维，要经过层层推理，得出一个结论，并把这个结论形象化，最终以此来说服中年用户。

哥伦比亚咖啡策划了一则文案，这则文案成功赢得了绝大多数中年用户的认可，使哥伦比亚咖啡在全世界供不应求，实现了销量的增长。下面让我们一起来欣赏一下这则文案的部分内容。

毫无疑问，位于哥伦比亚的世界第一长山脉——安第斯山脉是最适合种植咖啡的地方。因为安第斯山脉上有肥沃的火山灰，加之适宜的气候与恰到好处的阳光和雨水。所以，这里真的称得上咖啡豆的完美生长地。

就是这样一篇简短的文案，以人们所熟悉的安第斯山脉为“杂志”，插上了哥伦比亚咖啡的印记，用合理并富有逻辑的推断，为用户找寻购买咖啡的理由。用户能够从文案中轻易找到这种咖啡的独特之处，同时也能在脑海中对其真实性进行判断，因为其来自地球上最长且环境复杂的安第斯山脉，想必来自此处的咖啡也与众不同，于是中年用户做出了最终的决定。

3. 老年人的健康需求

当人过了 60 岁以后，对于健康的重视程度也日渐增长。老年人会格外注重身体的锻炼与健康的饮食习惯，受众为此类用户的产品文案需要多多关联养生、健体等方面的事物。

10.4 让文案当“提词器”，展示想象空间

2015年4月13日，河南一位美女教师向她就职的学校提交了一份辞职信。然而，令她万万没有想到的是，这份辞职信在网络上迅速走红。辞职信的内容非常简单，仅有短短几个字：世界那么大，我想去看看。

这份辞职信也激发了很多文案创作者的灵感，众多企业借此做起了营销广告，如TOYOTA的文案。

世界那么大，我想出去看看，

开着TOYOTA，伴你走天涯。

捷安特自行车的文案：

世界那么大，我想出去看看。

绿色旅行，环保先行。

这份辞职信让人们看到了自己未来的追求，唤醒了他们内心的渴望和对摆脱现状的向往。因此，这封辞职信曝光以后，引起

了强烈的社会反响。诸多企业借此热点，宣传自家产品。

其实，要想策划一份出彩的文案并不难。前提是文案创作者有着敏锐的洞察力，让文案成为一个唤起人们美好念想的产物。这就要求文案创作者洞察消费者需求背后的现实意义，为用户提供想象的突破口。

2016 年 7 月 8 日，一则标题为《我买好了 30 张机票在机场等你，4 小时后逃离北上广》的消息引爆了微信朋友圈。这是一场由新世相一手策划的文案宣传活动。

新世相这则文案的内容如下："今天，我要做一件事：就是现在，我准备好了机票，只要你来，就让你走。现在是早上 8 点，从现在开始倒计时，只要你在 4 小时内赶到北京、上海、广州 3 个城市的机场，我准备了 30 张往返机票，马上起飞，去一个未知但美好的目的地。现在你也许正在地铁上、出租车上、办公室里、杂乱的卧室中。你会问：我可以吗？——瞬间决定的事，才是真的自己。"

这场"4 小时逃离北上广"的活动无疑是一场成功的营销。无论是说走就走的创意，还是选择一个逃离北上广的目的地，都是一次戳中用户痛点的举动，这样的痛点就像是"提词器"，不断唤醒用户内心的需求，而且这样的需求在转化为购买行动时无往而不利。从新世相微信公众号公布的数据来看，该消息发布 3 小时以后，就获得了超过百万的阅读量。

为什么新世相的活动能引起如此大的反响？下面我们将从活动的创意及地点的选择方面为大家解析。

从活动的创意方面来看，这次活动运用了“说走就走”的理念，借鉴了之前大火的“世界那么大，我想去看看”的辞职信。对于身处北上广，面临着无限压力的北漂一族来说，“说走就走”代表着他们的一种诉求，一种想要释放的冲动。但实际的情况不允许他们有疯狂的举动，因为说走就走，手上的工作可能就会说丢就丢。所以，这个理念并不是在解放他们，而是在代替他们释放他们无处发泄的压力，唤醒他们埋藏在内心深处的梦想，展示了一种美好的愿景。

从活动地点的选择来看，这次活动将地点定位在北上广。这恰好击中了身陷北上广人群的痛点。同时，该活动完全免费，甚至能够帮助用户请求休假，杜绝了后顾之忧，这一系列的举动必然能唤起用户的参与感。

新世相策划的这场活动之所以能够成功，很大程度上缘于文案的内容塑造了一种可以想象的美好空间，并且这种想象是有可能实现的。新世相帮助北上广人群找到了一处可以舒缓压力的场所，自然能够得到用户的拥护与热爱。

介绍了这么多案例，下面我们将为大家阐述一些让文案成为“提词器”的方法。

1. “救猫咪”的情景思路

“救猫咪”最初起源于好莱坞，指编剧为了让主人公具备一种正义且亲和的气质，使之吸引更多观众，而给主人公安排某些特定的帮助他人的场景，哪怕这个场景很短，甚至只是救一只猫咪。通过这样一个细微的举动，让观众觉得主人公更贴近生活，更有血有肉，而不是一个虚无缥缈的英雄。

一则优秀的文案会塑造出一个“救猫咪”的场景，在满足受众需求、打动用户的同时，成功让他们产生预想中的反应。

1925 年，广告大师约翰・卡普尔斯受邀为美国音乐学院撰写推广音乐函授课程的文案。他仅仅用一个短短 21 字的小故事：“我坐在钢琴前时，他们都嘲笑我，但当我开始弹奏时……”就成功掀起了学习音乐的热潮。

广告文案的任务是启迪人们追寻美好的事物，引导他们遵循自己的内心。数十年之后，这一模板仍被文案创作者广泛采用。因此，作为一个文案创作者，不妨也试着使用这一模板，让自己产品文案带给用户一个美好的想象。

例如，“我在淘宝订购衣柜时，我的妻子取笑我，但当我将衣柜抬回家以后……”

“我下载陌陌时，他们都嘲笑我，但当我交往了一个女朋友时……”

巧妙地运用场景唤醒人们的情感和兴趣，尊重受众个性，是成功运用“救猫咪”的关键。

2. 好奇心的驱使

“现在盛行一种新型细菌，它可能就在你家冰箱里!”

“罗斯柴尔德家族到底多有钱?”

“你一定不知道，腾讯、阿里巴巴是如何发展用户的！”

上面这些标题，是不是看了以后就有一种想要继续探究的欲望？这些标题的共同点都是制造悬念，引起人们的好奇心。美国行为经济学家洛温施坦认为：知识缺口导致痛苦。当我们想弄清楚一些事，却又无法实现的时候，心里就会产生一种急躁感与探求欲。这就像在夏天，身上被蚊虫叮咬，生了很大的红疹，痒得不得不抓，然而抓挠又无法消除这种痛苦。于是我们就需要把知识缺口填满，解决这种痛苦。

韩剧让我们好奇的是，女主角最终会和谁在一起；侦探小说让我们好奇的是，谁是凶手。文案创作者也会运用好奇心，在带领用户在破解谜团的过程中传播品牌信息。

纽约 BBH 策划的联合利华广告就很好地利用了人们的好奇心，具体内容如下：一个外表英俊的男人缓缓走来，吸引了一众路人的目光，人们纷纷猜测他到底是何方神圣。是电影明星？是整容医生？是地下拳击手？还是超级特工？不，这些都不是。广告片的最后，黑色屏幕的下方显示他只是一个喷了 AXE 止汗露的饭店服务生而已。

3. 惊喜意外的刺激

倘若一群黑白色的奶牛中间，忽然出现一头紫色的奶牛，那么你的目光一定会被这头紫色的奶牛所吸引。在一个饱和的市场中，很难出现新的文案创意，因为之前的文案创作者已经提供了太多的创意、太多的选择，消费者开始疲于应对，也没有心思再去挑选。

因此，如果文案缺乏新鲜的刺激，就难逃被上司批评，被用户所抛弃的厄运。想要文案达到老板的期望，就需要违背常理，以巧合、反复与突然、因果倒置等方式制造出人意料的惊喜。

10.5 南方黑芝麻糊：小时候的味道，妈妈的味道

在20世纪90年代，南方黑芝麻糊凭借“黑芝麻糊哎……”这一句经典的广告语红遍全国，其特征鲜明的广告语让南方黑芝麻糊在消费者心中留下了一个美味养生的产品形象。同时也奠定了南方黑芝麻糊品牌近20年来在同类产品中的领先地位。

尽管最近10余年来南方黑芝麻糊一直保持着低调，但其品牌影响力依旧强大，是消费者选择糊类产品时的优先之选。2011年年初，南方黑芝麻糊隆重推出“爱心杯”，以全新的包装和熟悉的广告语，再次掀起了一股怀旧之风，激发了人们儿时的回忆。

“爱心杯”广告由人气偶像王力宏出演，融入众多时尚元素，表明了南方黑芝麻糊对于新一代年轻消费群体的重视。“爱心杯”的杯状包装以食用方便、即冲即饮的特点迎合了新一代年轻人的消费观念。

虽然南方黑芝麻糊在国内糊类市场一直稳坐第一品牌的位置，但是其消费者主要以中老年人和儿童为主，想要开拓新的市场，南方黑芝麻糊必须扩大消费者群体。故此南方黑芝麻糊对产

品进行了新的定位，在自身旧产品的基础上开发了新事物，以产品的多样化吸引了更多的消费者。基于此的“爱心杯”与后来即开即饮的便利包都体现了这一点。

同时，在对新品的宣传中，南方黑芝麻糊并没有“喜新厌旧”，在创新的同时，坚守“黑芝麻糊哎……”和“一听到黑芝麻糊的叫卖声，我就再也坐不住了”等经典叫卖语，用广告和包装塑造了一个温馨怀旧的氛围。在这些充满回忆的细节中，南方黑芝麻糊成功将“新产品”与“旧东西”联系在一起。

人总是对成长中的回忆记忆深刻，因此，一则文案若能勾起人们心底的回忆，不可谓不成功。好的文案，总是能够成为商品与消费者之间的通道，让企业的产品形象像发芽的树根一样牢牢根植在消费者的心里。2014 年，南方黑芝麻糊推出了经典的“叫卖篇”广告，片尾沿用了当年的“一股浓香，一缕温暖”广告语，再次勾起了众多 80 后、90 后的儿时记忆。通过这一系列的广告宣传，南方黑芝麻糊的营养价值和健康功能得到了广泛传播，培养与引导了用户的消费习惯，开拓了市场空间，增强了用户的黏性。

对于拥有足够多怀旧元素的产品来说，广告以怀旧为主题无疑是具有优势的。那么，南方黑芝麻糊的怀旧元素具体包括哪些方面呢？

1. 妈妈的味道

南方黑芝麻糊广告中意犹未尽的小男孩要求添饭的场景，很容易让人想起妈妈的关爱，而小镇的静谧和悠扬的民谣，也都牵动着游子乡情。使人觉得口中品尝的早已不是芝麻糊，而是一种家的味道。

2. 外在形象

南方黑芝麻糊广告中出现的盛芝麻糊的大桶、勺子，以及吃芝麻糊用的瓷碗，都透露着浓浓的时代气息，显得古朴又具有中国文化特色。特别是在当今机器加工时代，手工风味反而给人一种醇正之感。广告中产品的外在形象带给人的历史感，为产品附加了时间价值。

对于一个文案创作者来说，以怀旧作为主题的文案总能取得不错的效果。因为关于过去的记忆是每个人独有的，谁也拿不走，什么也无法替代，一旦某些事物唤起了人们对于旧事物的回忆，人们很多情况下是愿意为其埋单的。

第 11 章
精简思维：使用简练的话语，让文字充当“钩子”

一份文案要想让用户认可，文案中的语言表述就要简洁明了。因为用户阅读文案的时间很短，很可能只有短短的几秒，所以，他们也只是进行粗略浏览。要想让用户在几秒内了解文案的内容，简单易懂的表述方式是十分有必要的。

本章介绍文案在创作过程中需要被精简的部分，简单介绍如何剔除文案中的抽象名词与专业名词，精简文案的篇幅，用简约的颜色搭配，让读者能够领略到精简思维的魅力。案例部分介绍了耐克的精简广告“Just Do It”诞生的全过程。

11.1 使用简练的话语，蕴含真实的情感

如果一份文案密密麻麻的让人头脑发晕，就难以达成吸引用户的目的。而一份精简的文案总能令用户舒心。精简的文案并不是说一味追求字数的精简，而是去掉累赘的修饰词，留下质朴的情感词语，以真实而丰富的情感打动用户。

具体来说，精简文案的方法有三种，从大到小、从整体到部分，分别为将文案分为几个短段落，将整段分为几个短句，将短句分为几个简单的词汇。

1. 将文案分成几个短段落

文案创作者到底该如何对整篇文案进行分段呢？下面有六种方法可供参考，具体如图 11-1 所示。

（1）时序法

时序法是指根据文案中事情或故事的发展时间进行分段。这种方法能够使得文案的条理更加清晰，逻辑更加严谨，用户阅读起来更加轻松。

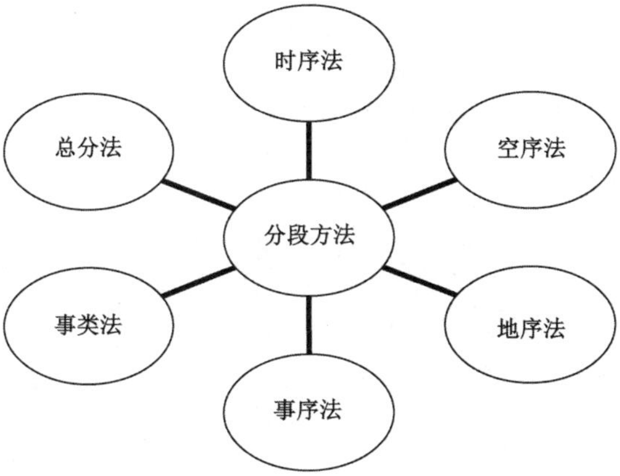

图 11-1　整篇文案的六种分段方法

（2）空序法

空序法是指根据事情或故事发生的空间位置进行分段。文案中如果存在一条清晰的空间顺序线，用户就不会轻易“迷失”在文案之中。

（3）地序法

地序法主要是根据文案中提及的地点进行分段，如果文案提及地点较多，可以将每一个地点作为一段。如此一来，文案的逻辑结构也就清晰了。

（4）事序法

如果一篇文案中列举了多件事情，那么可以按照事情发生的先后顺序进行分段。经过分段后的文案，用户更容易把握主要内容。

（5）事类法

事类法与事序法有些类似，都是对事情进行分段，不同的是，事类法是将同类的事情归为一段。

（6）总分法

假如一篇文案中既没有时间、空间，也没有地点、事序、事类，那么就可以用总分的形式对文案进行分段。即找出文案中的总结部分，单独列为一段，其余部分分为几个小段。

美国广告文案大师威廉·伯恩巴克为德国甲壳虫汽车设计的广告就采用了总分模式。全文围绕着德国甲壳虫汽车“物美价廉”的优点进行了一系列宣传，言简意赅，娓娓道来，富有感染力，成功吸引了无数用户的关注，为甲壳虫汽车走进美国市场奠定了基础，具体如图 11-2 所示。

图 11-2　德国甲壳虫汽车的总分广告模式

此外，美国广告文案大师威廉·伯恩巴克为美国奥尔巴克百货公司写的一则文案也采用了分段模式。

你认为你买不起最新最好的东西？那是你在欺骗你自己。当你来到奥尔巴克百货公司，你会发现最新最好最美丽的东西是如此实惠。你的支付能力用来购买这些东西绰绰有余。这里的衣服款式繁多且新颖，总有一款会让你心动。

如果你现在把你的太太带到这儿来，我们保证她从这出去后将焕然一新，让你眼前一亮，而你仅仅只需支付几块钱而已。我保证你将会对这次付款经历记忆犹新，因为你可能从来没有过如此轻松愉快的付款体验。

这则文案诞生后，一直被奉为经典。尽管通篇文案并不长，但威廉依然对其进行了分段，让用户读起来更加顺畅。此外，这则文案紧紧抓住了宣传的重点，保证了宣传效果。所以，对于文案创作者来说，变换一种表达方式，宣传效果将截然不同。

2. 将整段分为几个短句

不知道各位读者是否注意到过这样一种情况：一篇文案，被演讲者讲述出来后，其效果往往比作家书写的效果更加出众，引起更多人的共鸣。之所以会产生这样的结果，是因为演讲者在演讲的过程中会将语句进行拆分，因此产生了更多的短句，并且语气抑扬顿挫，表达的情感更加激烈，也就更容易被用户记住。

既然如此，在实际的文案创作过程中，文案创作者何不使用更多的短句，使其宣传效果更佳呢？在一个段落中，特别是关于产品特色内容的介绍中，更应该着重强调产品的与众不同。而这时采用短句，由于其节奏性强，更容易被用户记住，效果无疑会更佳。

下面为大家列举了一些采用了短句形式的文案。

“葡萄美酒，酿出了多少个美丽的夜晚，犹如动听的韵律，一次又一次使我们的心灵得以释放。”——葡萄酒的文案。

“这是生命之梦开始的地方，多了一个你，也多了一个我。我们相依相伴，彼此见证爱的誓言。就让我们在爱中水乳交融，慢慢老去。”——婚庆公司的文案。

从以上文案可以看出，采用短句的文案意蕴更美，气势更强，使得文案一气呵成，朗朗上口，更容易被用户所接受。如下所示的陌陌广告：

世间所有

的内向

都是

聊错了对象

整篇文案分为四个短句，第一句“世间所有”，一上来就塑造了一种普遍的情景，为后面的内容做好铺垫；第二句“的内向”，承接上文；第三句“都是”，肯定语气，增强气势；第四句“聊错了对象”，揭示了整个文案的主题——寻找朋友。

陌陌的文案将语句进行了更为简短的拆分，将每一段的字数控制在五个字左右，从而使得语气更加急促，表达的情感更加浓厚，也更容易引起人们的共鸣。

3. 句中使用简单词汇

一篇文案经过简单的分解以后，可以分为几个段落，而段落又能分解成几个句子，句子又是由各种不同的词汇组成的。从这个角度出发，以词汇作为基点，采用便于用户快速浏览的词汇，将更易于被用户记忆。

到底该如何做到在文案中使用简单的词汇呢？首先文案创作者需要想象消费者平常想要听到什么样的话，以口语化的表达进行词语的汇集。例如，一个不锈钢锅的广告，称赞其性能优良的口语化表达可以是“可耐用了，摔了很多次都没留缺口，比我家的好用多了”。

然后，将这些口语表达的词语换成书面词语，以上口语化表达就可以变成“耐用、结实、耐磨”等。

其次，创作者将这些词汇记录下来以后，需要对其进行修改与润色。对于文案创作者来说，永远不要期望一次创作就能达到预期的目的与效果。因为即使是文案大师也需要经过多次修改，才能策划出出色的广告文案。

最后，对于用户来说，越是熟悉的内容越能打动他们。用户并不关心创作者的学识和才华，也不关心文案的内容是否精妙绝伦，用户所关心的只有这个文案到底与他本人有没有关系。因此，文案创作者需要保证所用词汇都是用户平常能接触到的。同时，创作者在挑选简单的词汇时，还要避免大量使用形容词。

文案创作者应利用条理清晰的段落、富有感染力的短句及简单易懂的词汇来吸引用户的兴趣，增强用户对产品的信任度，从而使用户对该产品产生购买的欲望。

11.2 剔除抽象名词和专业名词

抽象名词和专业名词之所以被创造，是为了让拥有同等知识积累的人们沟通更加高效。因此，这样的词汇并不适合商业文案，你所面对的消费者，大多数时候并没有与你相同的知识积累。

如果文案中专业术语与抽象名词过多，会导致用户的阅读困难，同时也会形成一种陌生感，让用户与文案变得疏远。因为专业术语是用来称呼特定领域的特定事物的，大众并没有过多了解，自然对于专业术语较多的文案是一头雾水。

有这样一个小故事：某家公司的总经理想为公司购买几套红木制的家具，于是他来到了红木家具城。红木家具城的服务员热情地招待了这位总经理，她一边带领着总经理浏览各种不同的沙发，一边小声地询问这位总经理的需求。

服务员说：“对于桌子的样式，您是要霸王枨还是罗锅枨的？对于沙发的接入方式，您是想要插肩榫还是夹头榫的？对于椅子的样式，您是想要太师椅还是四方足几的？”本来略有兴致的总经理听到这些专业术语以后一头雾水，因为他根本不知道这些术语是什么意思，这也就导致了虽然总经理对家具很满意，但却放弃了购买。

文案的本质其实就是向用户介绍产品的功能信息，但这个过程中需要避免用户看不懂的内容，也就是尽量采用通俗化的语言。如果你的目标用户根本看不懂文案的内容，你就别指望用户会心甘情愿购买产品。

因此，创作者应该掌握一条大众化标准，也就是即便使用专业术语，也要保证大多数人都熟知这些术语，即便你所要宣传的产品专业概念居多，你也要想方设法用通俗易懂的方式描述出来，否则宁可不用。

一般而言，文案创作者可以借助以下四个技巧，让用户产生熟悉的感觉：

第一，采用诸如“我”“我们”“你”“你们”“他们”等代词，拉近与用户的距离。

第二，采用类似“没问题”“OK”这样的口语化词语。

第三，采用产品的简称，如用“BAT”表示“百度、阿里巴巴、腾讯”。

第四，语气自然、亲切。

文案是企业向用户传递信息的一种渠道与方式，在这个过程中彼此的了解程度决定着最终的成交结果。如果一个文案能够像人们日常交流一般表达信息，无疑能够带给用户更多熟悉的感觉，以一种亲切感，拉近与用户的距离。

当然，要想达到这种效果，创作者需要将文案的风格塑造得十分友善，十分接地气。倘若文案创作者以一种居高临下的语气介绍产品，想必是没有多少人愿意阅读的，更别说让用户产生购买产品的欲望。

为此，一则文案的内容需要保持其简洁性，这样才能保证主题的明确。一些赘字、冗句、无关紧要的形容词都需要删去，保留最精华的部分。除此之外，一篇文案对于产品的介绍越详细，越具有说服力。

最常见的做法有以具体的数据对产品进行介绍。例如，某款产品的受众非常广，常见的表达效果有“很多人都在用这款产品”，而以具体的数据进行介绍以后就变成“全中国，每十个人中就有三个人在使用这款产品”，效果比第一种要好得多。

当然，文案创作者也可以在文案中添加一些事实作为案例，加强文案的可信度。例如，众多的化妆品、护肤品都希望请来赵雅芝、温碧霞这样的不老“女神”做代言人，因为活生生的案例更具说服力，毕竟事实胜于雄辩。

作为文案创作者，需要时刻明确一个观点，那就是策划出来的文案是要给用户看的。基于这一点，创作者在策划的过程中要将吸引用户、有利于用户理解的内容作为策划的重点，尽量以简单的话语叙述内容。这样一来，就能避免在文案中使用过多的专业术语，也能带给用户一种亲近感。

除此之外，文案的读者众多且难以控制，假如创作者在文案中采用了具有偏见性的词汇，例如，用“按摩女”比喻女性，用“农民工”比喻穷人，这些词语带有一种主观色彩，不仅不能令人信服，而且容易惹怒部分读者。所以，在文案中避免采用偏见性的词汇十分重要。下面介绍三个小技巧，帮助大家解决这个难题。

第一，淡化性别。将具有性别偏见的词汇替换成中性词汇或者直接去掉。譬如，用“警察”代替“女警”，用“工作人员”代替“女工”，用“客服”代替“接线小姐”，用“淘宝商家”代替“老板娘”。

第二，采用复数。用复数来代替单数，最常见的就是用“你们”来代替“你”，用“我们”代替“我”，用“他们”代替“他”。

第三，塑造特定角色。此类方法在故事型的文案中较为常见。一般来说，在故事中塑造某个特定角色后，就可以用角色名对其进行称呼。

总之，对文案创作者而言，读者就是上帝，必须规避一切让读者感到不舒服的事情。

11.3 让人物为产品说话，减少文字赘述

20 世纪中期，广告界一直有一个普遍现象——长文案都颇受市场好评。原因很简单：长文案能够提供更多证据证明用户购买产品的合理性，或者说，长文案能够罗列更多关于产品的好处。例如，展示相关的图片，列举大量的例子，转述众多消费者的使用体验等。

然而，这样的观点被广告大师吉姆·德菲颠覆了，吉姆·德菲有一次在公开场合宣布：“没有任何文字的零文案广告，即将风行全世界。”当然，这个所谓的零文案广告，并不是指通篇文案没有一个文字，而是指文案应该减少文字赘述，将文字依附在品牌上，作为品牌长期宣传的口号。

广告大师吉姆·德菲曾经为莲花汽车创作了一则文案（莲花汽车是与法拉利、保时捷并称为世界三大跑车制造商的著名品牌）。海报中，画面的上部约 1/4 是一辆正在行驶中的莲花跑车，画面的中间部分是一片漆黑，而画面的最下面大约留了 1/5 的空白，上面写着醒目的标题：“至少生命在某些时候是由你自己掌

握的”。标题下方还有两行小字：“不要只会说同意，给我们你的电话号码，我们莲花经销商与你保持联系。”

正是这则文案成就了吉姆·德菲现代广告大师的地位。在此之前，人们普遍认可的是大卫·奥格威给劳斯莱斯撰写的那种长达1400字的平面广告。

文案的好坏并不能以长短衡量，也不能一味地追求短。好文案最基本的要求是文案内容不能让用户厌烦。因此，文案需要尽量减少繁杂的文字叙述，确保在最小的空间内实现内容的灵动展现，让文案里的每一句话都能为产品说话。

对此，广告大师大卫·阿博特认为写作时需要尽量避免使用形容词，最好多采用短句，否则，一篇文案哪怕只有短短的两个字也会令人生厌。

例如，“街道上来来往往的行人都穿着××运动鞋，活力四射的尽情跃动。”这样的描述就是极为失败的。过量的形容词掩盖了主旨，甚至产生了喧宾夺主的意味，让人无法准确把握这句话所传达的信息。

聪明的文案创作者比较青睐动词与名词，这样一来就能减少文案的字数，并且使得文案的内容更加具有活力，短而可信。有时，提供一些原始资料，远比精心雕琢的言语更能令人信服。

例如，美国在小布什执政8年以后，陷入经济低谷，失业率创下新的高峰。奥巴马针对这样一个现状提出了一个伟大的“美国梦”：“Yes，we can！”翻译成中文就是“是的，我们能！”这使得处于焦虑之中的美国民众内心深处渴望实现理想的情怀得到了宣泄，也让奥巴马与“美国梦”联系在了一起，让“美国梦”为奥巴马发言。

不过，无论如何减少文字赘述，都要明确一个前提：文案的内容一定要准确抓住用户的需求。这里继续用 2008 年美国大选作为例子。

2008 年奥巴马的竞争对手希拉里的竞选口号是“我来了，我是要赢的”，但却没能打动正处于水深火热之中的美国人民，因此，希拉里在 2008 年败选。从词语的角度客观分析，希拉里的竞选口号依旧是采用动词与名词结合的方式，但为何结果却不能与奥巴马相提并论呢？其实这里的差别就在于诉求不同，希拉里的诉求过于以自我为中心，忽略了广大美国人民的意志，以至于这得不到美国民众的认可。

在消费者的潜意识里，隐藏着许多未被发掘的诉求，而文案的作用就是激发出这些未被发掘的诉求。而一个成功的文案就是以简练的文字和鲜活的形象，尽可能多地激发消费者的内在需求。

11.4 颜色搭配要简约

竞争战略之父迈克尔·波特说："品牌的资产主要体现在品牌的核心价值上，或者说品牌核心价值是品牌精髓所在。"品牌的价值并不是一个单向作用的产物，而是企业和消费者相互作用形成的概念。品牌价值感较强的企业，往往让用户记忆深刻，令用户在看到某种标识、某种形状之后能马上辨认出这是哪一个品牌。

企业的品牌价值是一种无形资产，这种看不见的资产能够在文案的宣传中发挥巨大的作用。例如，Logo、文案、品牌符号等，而构成颜色又是这些图案的不可或缺的成分之一。因此，颜色的搭配方式至关重要。

如今的大多数企业品牌都有独特的识别色。例如，音乐产品中，红色就容易让人想起网易云；凉茶界，红色就代表着王老吉，金色代表着加多宝；酒类品牌中，白色与蓝色搭配就容易让人想起江小白，等等。这种识别色有的体现在图标上，有的体现在包装上，有的体现在海报上，它们的目的只有一个，就是让用户记住这个品牌。例如，护肤品牌 One Leaf 的品牌标识用树干与树叶结合的方式呈现出一个精巧的画面，配合 One Leaf 品牌名，打造出一种简约的风格，凸显了品牌形象。对企业的品牌宣传来说，文案中加入品牌 Logo 图片，已经成为一种常态，而 Logo 图片采用简约的风格更容易加深用户对品牌的印象。

又如，亨氏番茄酱广告，整篇广告没有过多的冗余色，海报整体采用与番茄酱相同的红色，其意在突出自家品牌的正宗，加强人们对于亨氏番茄酱的品牌认同。同时，简约的红色不容易引起视觉疲劳，不仅不会引起用户的抗拒，还能形成一种鲜明的风格。

据国际标准化组织的评估报告，2016 年全球品牌企业百强排行榜中，苹果依然位居榜首，品牌价值为 1485.310 亿欧元（+8%），屈居第二的是全球最大搜索引擎公司——谷歌，品牌价值为 918.500 亿欧元（+25%）。

苹果手机自从诞生以来，凭借其极为流畅的使用体验、大胆超前的创意赢得了众多粉丝。细数苹果历代的 Logo 颜色，除了 1977 年的第二代的 Logo 采用的颜色较为复杂，其余的皆是选用简约的单色调，以保证苹果品牌的鲜明化。下面我们回顾一下苹果从创立至今的 Logo 形象。

苹果的第一个 Logo 形象由罗恩 • 韦恩（苹果的三位创始人之一）用钢笔在纸上描绘而出，其设计灵感来源于牛顿在苹果树下沉思进而发现了万有引力，苹果公司也想效仿牛顿致力创新，进而改变世界。但无奈苹果的第一代 Logo 图形实在过于复杂，虽然颜色只有黑白两种，但并不容易被人记住，到了第二年就被苹果弃用。于是苹果在 1977 年迎来了第二个 Logo 形象。

第二代 Logo 的灵感来自苹果公司的另一位创始人——史蒂夫 • 乔布斯。史蒂夫 • 乔布斯需要发布一款新产品——应用程序 le II，但原来的标识显然过于复杂，第一代 Logo 形象很难继续嫁接在新产品上。因而这个时候就急需一个形象简单、具有特色的品牌标志，来提高应用程序 le II 的辨识度。

于是，史蒂夫 • 乔布斯找到了里吉斯 • 麦肯纳广告设计公司，希望他们能够解决这个难题，为苹果公司设计出全新的 Logo 形象。最终，那个被咬掉了一口的苹果形象诞生了，随之而来还有充满了魔力的彩色条纹。至此，彩色的苹果 Logo 形象诞生了。

然而，最开始的时候，这个 Logo 并不被苹果公司认可，在一些说明书上、背包上仍然印着完整的彩色苹果。Logo 上的彩色代表应用程序 le II 能够彩色显示，同时这一颜色也被比喻成苹果低迷期员工们的血液。第二代 Logo 形象一直沿用至 1998 年，直到 iMac 发布会，苹果 Logo 形象进入第三代，颜色变更为双色系列。

这是由于 1997 年，史蒂夫 • 乔布斯重新执掌苹果公司大权以后，将苹果品牌形象定义为简单、整洁、明确的风格。这一次 Logo 形象变化是由于新产品采用透明材质外壳，为了配合新产品的手握质感而做出的变化，颜色转变为简单的单色调，形象更加立体、时尚。黑色 Logo 形象大部分出现在包装、商品上，也有部分为了配合产品的宣传，出现在需要体现对比色的商品中。苹果的单色标志至今仍在使用，这是最能体现苹果品牌定位的标志。

到了 2001 年，苹果推出第四代 Logo 形象。

这一次，苹果 Logo 形象变为透明色，其主要目的是配合首次推向市场的 Mac OS X 系统。这次苹果的核心产品由计算机转变为计算机操作系统，因此，苹果 Logo 形象也配合计算机操作系统的界面风格，采用了透明色。

到了 2007 年，苹果推出 iPhone 手机，又一次更换了 Logo 形象，这次的 Logo 形象属于苹果的第五代。

这次变更是由于 iPhone 创造性地引入了 Multi-touch 触摸屏幕技术，带来了全新的用户体验。为此，苹果 Logo 形象采用了玻璃质感，主题颜色改为银白色，以一种淡然高雅的姿态面向世人，代表着苹果公司将为用户提供最简洁、最便利的服务。至此，苹果手机告别了半屏幕时代，智能手机时代来临。

苹果 Logo 形象的每一次变化都伴随着核心产品的变革，也是品牌核心价值的变革。因此，下一代苹果新 Logo 形象也许就代表着品牌核心价值的又一次变革。

品牌价值的确立不是一锤子买卖，而是一个不断变化的过程，企业需要不断维护，用 10 年、20 年乃至上百年的时间去不断强化品牌价值。这当中，简约的品牌形象更能加强品牌的价值宣传，更容易被消费者记住，成为一种能够打动消费者的力量。

11.5　耐克："Just Do It"让不同的人有不同的感悟

很多人都了解史蒂夫·乔布斯、比尔·盖茨、沃伦·巴菲特的故事，很多人也乐于探究承载着他们故事的公司品牌。然而，却很少有人了解耐克品牌的传奇领袖菲尔·奈特的创业经历，也因此，耐克品牌的故事鲜为人知。关于耐克品牌信息，人们听得最多的很可能就是一句"Just Do It"。

"Just Do It"这句广告语的灵感究竟从何而来，令无数人好奇。在南非开普敦举行的国际著名设计会展 Indaba 博览会上，这句广告语的设计师丹·维登透露了其灵感来源，不过，这并不是一个温情的故事。要说这个故事，我们需要先回顾一下耐克的发展历史。

菲尔·奈特在创立耐克前曾经作为一名长跑运动员，在美国斯坦福大学获得了 MBA 学位。1963 年，菲尔·奈特与他的导师比尔·鲍尔曼创立了 Blue Ribbon Sports。1964 年，Blue Ribbon Sports 成为了日本跑鞋品牌 Onitsuka Tiger 的一家分销商。而 Onitsuka Tiger 就是现在的著名跑鞋品牌亚瑟士。直至 1971 年，Blue Ribbon Sports 正式更名耐克（Nike），1972 年耐克公司作为一家独立的体育用品公司正式成立。

1980 年，耐克遇到了头号竞争对手锐步，这两家公司的竞争日益激烈。初期，耐克通过迎合男性市场声名鹊起，销量遥遥领先，但也因此错过了女性市场。到了 1985 年，一直重视女性运动鞋市场的锐步迎来了机遇——美国女性有氧运动兴起，锐步的女性运动鞋被一抢而空，而耐克只能干瞪眼，却又无可奈何。

随后，锐步销售量持续快速增长，在 1987 年已经转守为攻，销售量、收入、利润等各项指标全面领先耐克，成为当时的全球第一运动品牌，而耐克却陷入低迷之中。无奈之下，耐克委托广告公司 W+K 设计一句新的简短广告词，在扩大品牌影响力的同时，能成功让那些参与健身的女性产生共鸣。而当时接受这项委托的就是丹·维登。

不过，在即将约见菲尔·奈特的前一晚，丹·维登仍然不确定这位老板是否会满意他的作品。原先已经拟定好的四条广告语在丹·维登看来仍然不够完美，他苦思冥想。直至下半夜，事情迎来转机，他的灵感终于出现，来自一个看似极为不合理的地方——监狱。

一位名叫加里·吉摩尔的杀人犯被判死刑，他也是美国恢复死刑以后，被判执行死刑的第一人（1972 年至 1976 年美国暂停了死刑刑罚）。在被执行枪决之前，行刑者问加里·吉摩尔有何遗言，他留下了一句极为简单的遗言：Let’s do it。

丹·维登由此联想出“Just Do It”这句经典的广告语。在他的解释中，“Do It”有一种洒脱的意味，很符合体育精神。而为了加强感染力，他又添加了“Just”，意思是“尽管去做”。

这一句话按照丹·维登的预想，完美符合了菲尔·奈特的要求，能够让女性因此受到鼓励，无所顾虑地参与健康的体育运动。同时也符合简短的要求，极具品牌感染力。

第二天，丹·维登向菲尔·奈特展示广告语的时候，特地将此前的四条广告语一同提交，而“Just Do It”夹杂在最后。有了前面四条广告语的铺垫，菲尔·奈特在看到最后一句“Just Do It”时，惊喜不已。最终耐克品牌经典的广告语“Just Do It”诞生了。这句话还被《广告年代》杂志评为20世纪最出色的五条广告标语之一。

“Just Do It”这句广告语简单直白，并且不同的人看到都会有不同的感悟。从粉丝的角度来看，感受如下：我只相信它，我只用这个；从广大群众的角度来看，感受如下：试试看；从竞争对手的用户角度来看，感受如下：个性鲜明，虽然我不买，但是我喜欢这个想法。而将这句话用在日常生活中可以理解为：想做就做，自己的未来自己决定。“Just Do It”这句精典的广告语完美诠释了耐克的品牌文化，塑造了极具特色的品牌形象，让无数人为之疯狂。

图书在版编目（CIP）数据

爆款文案：内容写作技巧与营销策划实操 / 招商哥，王菲彤著. —北京：电子工业出版社，2019.11
ISBN 978-7-121-36060-2

Ⅰ.①爆… Ⅱ.①招… ②王… Ⅲ.①广告－写作②广告－营销策划 Ⅳ.①F713.8

中国版本图书馆 CIP 数据核字（2019）第 035347 号

责任编辑：黄 菲　　文字编辑：王欣怡　　特约编辑：刘广钦 王丽娜
印　　刷：三河市鑫金马印装有限公司
装　　订：三河市鑫金马印装有限公司
出版发行：电子工业出版社
　　　　　北京市海淀区万寿路 173 信箱　邮编 100036
开　　本：720×1 000　1/16　印张：18.5　字数：240 千字
版　　次：2019 年 11 月第 1 版
印　　次：2020 年 8 月第 2 次印刷
定　　价：68.00 元

凡所购买电子工业出版社图书有缺损问题，请向购买书店调换。若书店售缺，请与本社发行部联系，联系及邮购电话：（010）88254888，88258888。
质量投诉请发邮件至zlts@phei.com.cn，盗版侵权举报请发邮件至dbqq@phei.com.cn。
本书咨询联系方式：1024004410（QQ）。